Leaves
Publishing

根　以讀者爲其根本

莖　用生活來做支撐

葉　引發思考或功用

果　獲取效益或趣味

做個有禮貌的地球人

國際社交禮儀

The Etiquette for
Every Occasion

這是一個 Global Village 的時代

這是一本地球公民必讀的

國際禮儀完全手冊

如果你不懂這書裡的規矩和常識

那麼 你很可能會被當作是外星人

朱立安◎著

三色堇 PANSY

做個有禮貌的地球人－國際社交禮儀

作　　者：朱立安
出 版 者：葉子出版股份有限公司
發 行 人：宋宏智
企劃主編：林淑雯
行銷企劃：汪君瑜
責任編輯：洪崇耀
文字編輯：王佩君
美術編輯：引線視覺設計有限公司
封面設計：引線視覺設計有限公司
印　　務：許鈞棋
專案行銷：吳明潤
登 記 證：局版北市業字第677號
地　　址：台北市新生南路三段88號7樓之3
電　　話：（02）2363-5748　　傳　真：（02）2366-0313
讀者服務信箱：service@ycrc.com.tw
網 址：http://www.ycrc.com.tw
郵撥帳號：19735365　　　　　　戶 名：葉忠賢
印刷：鼎易印刷事業事業股份有限公司
法律顧問：北辰著作權事務所
初版一刷：2004年 12月　　　　　新台幣：220元
ISBN：986-7609-49-2

國家圖書館出版品預行編目資料

做個有禮貌的地球人一國際社交禮儀
朱立安著作. 初版 臺北市：葉子，
2004[民93]　　　　面；　公分
ISBN 986-7609-49-2(平裝)
1. 禮儀
192.31　　　　　　　　　　93022614

總　經　銷：　揚智文化事業股份有限公司
地　　址：　台北市新生南路三段88號5樓之6
電　　話：（02）23660309
傳　　真：（02）23660310

※本書如有缺頁、破損、裝訂錯誤，請寄回更換

Contents

Part *1.* 當我們同在一起

　　我國自古號稱禮義之邦，義字實屬抽象，未能斷言，但禮乃是社會上人與人互動間顯而易見者，不但是一國地區文化素質之表徵，也是百姓之社會化與社會教育程度的集體展現，因此也是外人據以評斷與定位該地區社會化與社會價值觀之最初依據。

　　隨著我國進入已開發國家（Developed country）之林，自始應可與世界上諸先進國家，如：美、英、法、德、日等印像中之列強平起平坐享受其他開發中國家羨慕之情，此意味我國全國之平均國民所得、國民教育平均水準、生活環境，醫療環境……等等也與其他已開發國家相稱，這些環境與條件允稱客觀，但是身為一個文明國家的公民應有之國際觀，參與公私國際場合時之應有舉止進退、稱呼言談等，我們捫心自問：「我國公民是否已達國際公民之水準乎？」

　　數年之前我國出國人口即已逾六百萬人次，不但舉世稱羨，影響所及並造成我國國際影響力亦隨之急速擴大，較之二十年前觀光始開時已不可同日而語。然而，出國人口雖在量的方面雖劇增，但於國民素質方面卻進步緩慢，尤其是關於生活國際禮儀部份。究其因恐肇因於學校教育並不傳授（連老師本身也缺乏這方面的常識）；社會教育又付之闕如，國民出國旅遊只能靠自己摸索，或是由旅遊相關機構斷斷續續地介紹（其中又有不少謬誤），因此造成百姓以訛傳訛，眾說紛紜，莫衷一是。不但造成國際社會間驚訝於我國民經濟與文化水準落差如此之大，也間接造成台灣觀光客在國外永遠只受觀迎（利益），而不受敬重（素質）的尷尬與遺憾。

　　由此，我國人在國外旅遊參觀或是與外人共處一堂時，即便是教育水準相當高的學校老師、企業主管，甚至是醫生，律師等社會名流，也常

常會有不知如何措其手足之感，言談舉止時不免心中忐忑，惴惴不安。
而年輕朋友則因受廣告影響會表現出「只要我喜歡有什麼不可以？」之
粗魯愚昧之舉止。

　　究其因，國內可以提供國人自修之「國際禮儀」相關書籍不但相當罕
見，就算有些雖然書名與「國際禮儀」沾上邊或是有類似意涵者，仔細
瀏覽內文方覺不過是外交禮儀──一般尋常百姓一輩子也難有機會用上
一次的；要不就是談論一些服裝的穿著，女性打扮與坐姿的要領等等。
這些似乎最多只能稱為美姿美儀專書，與「國際禮儀」之精神與意義相
距仍相當遙遠。

　　由此，本人不懷惴陋，積多年於海外參訪時之經驗與心得，再詳細參
考歐美多種相關之著作，終完成此做個有禮貌的地球人──國際社交禮
儀之著作。「社交禮儀」為社會中人與人交往之基本原則與禮貌，其實
各國社會中固已有之，但由於現今國際禮儀實指歐美諸國之禮儀，在國
際社會之交流禮節所依循者自然由此，無論介紹、稱呼，致敬與回禮，
書信之往返，甚至娛樂、購物等均包含其中。此外，還有一項國人相當
陌生但在社交場合亦屬重要的「個人基本空間權」本書亦有專文介紹。

　　藉由本書之出版，祈能發揮導正匡誤之功，冀我國人日後再訪他國或
與外人交往時能有所知所從，也從而提升我國之國際地位，尤其是正當
我國戮力擬加入國際社會，欲成為地球村之一員之際。

朱立安　台北2004.12.

Part 1
當我們同在一起

　　由於交通發達後，各國人與人之交流日
益頻繁，而不斷地修正再修正，終於發展出
為世界各地所奉行之規矩制度。由民間國際
會議、慶典集會，以至觀光旅遊、聚餐、球
敘等日常生活，早已融入各地居民的日常生
活，並處處可見國際禮儀影響的痕跡。

Chapter. 當我們同在一起

現今國際社會不諱言仍以歐美諸國強勢文化為主導，而禮儀方面，又以英國之影響為最。這是因為自十八世紀以來，大英帝國挾其強大之武力，無遠弗屆地入侵了世界的各個角落，其演變的結果不但使英語自然而然成為了世界語，而其挾帶進入的英式社會習慣與禮儀，也自然成為各地人民遵守與效法之模式。

　　國際禮儀可以分為兩類，其一是國際社會上約定俗成且為大眾所遵守的禮儀；另一則是依各國之固有風俗習慣傳承延續，外人至該地必須遵守的規定與習慣。

　　現今之國際社會不可諱言仍以歐美諸國強勢文化為主導，而禮儀方面，歐美諸國中又以英國之影響為最。這是因為自十八世紀以來，大英帝國挾其強大之武力，無遠弗屆地入侵了世界的各個角落，其演變的結果不但使英語自然而然成為了世界語，而其挾帶進入的英式社會習慣與禮儀，也自然成為各地人民遵守與效法之模式。

　　而其霸權的後繼者美國，原本即是英國之北美殖民地，本來就受其極為深遠影響，而以「世界警察」之角色再一次把其母國的文化禮俗陸續傳至各地。因此今日之國際禮儀，可以說是以英國上中階層社會中所依循之規矩典章演變而成，且已為世界各地人民所接受及遵循。因此只要是在國際場合，不但必須使用世界語言——英語溝通，彼此間之互動、

交誼等，也必須遵照這個已被國際社會所默認且依循之規定。

　　所謂國際社會，不僅指的是有西洋人士在場的場合，任何只要有兩個不同國籍以上在場者皆屬之。例如在某些公共場所可能有日本人、印尼人、韓國人……等，通常在此情形下是只能以公認的國際語言，以及國際禮儀來表達意見及互動的。若各自仍以各國自己的語言與社會禮儀方式來溝通均屬不妥，因為只可能導致雞同鴨講及扞格不入。

　　不論是哪一國的人民，在進入一些有特殊風俗習慣國家時，例如中東回教國家、西藏地區、偏僻的海島國家、山區原住民聚落等，都必須依循當地特殊規定的行為，方能為當地人民所接納。如果逕行憑著經濟能力，財大氣粗地凌駕於人上，不尊重當地宗教、文化，必會招人忌恨，引發不必要的不愉快。

▲尼泊爾在街頭賣唱的少年。

　　也因此，在前往一些經濟較落後的地區旅遊時，亦應本諸「多了解，少批評」的態度，去體會不同文化交流時之喜悅與欣然，萬不可輕之、嗤之，讓不屑之情洋溢臉上，如此適足以表示自己之膚淺與缺乏一名旅者的基本素養而已。

　　以上兩種情形構成了今日國際禮儀之基本架構，再由於交通發達後，

各國人與人之交流日益頻繁，而不斷地修正再修正，終於發展出爲世界各地所奉行之規矩制度。由民間國際會議、慶典集會，以至觀光旅遊、聚餐、球敍等日常生活，早已融入各地居民的日常生活，並處處可見國際禮儀影響的痕跡。而且不僅是在國際交流的場合，甚至有些國家早已擷取國際禮儀之優質部分融於其日常生活中，不知不覺連國內之社會行爲規範也如是依循了。此點與我國人心中所認爲國際禮儀只有在國際場合中方可爲之者，在程度上已有一段不小之差距與體認了。

　　如果國人也能由現在約定俗成的國際禮儀中擇優取其精華行之，則不但可使我國昂首闊步進入國際村之列，而且得以平衡目前我國國民對國際禮儀之了解與遵循在程度上的相當大差異。一般來說，都會化程度較深的地區，如大台北都會區比較好得多，而在其他地區某些地方的同

▲自助旅行者的標準打扮與裝備。

胞，其對國際禮儀之缺乏與無知，常常成為外人評價台灣同胞之笑料來源。比較香港、新加坡等華人圈之居民有關國際禮儀方面素質之整齊，我們的確是有極大的進步空間的。也因此，提升全國整體國際禮儀之認知實為當務之急，冀望他日不再有同是台灣人但差異卻有如此大之憾。

國際禮儀之起源在法文原文Etiquette是標籤之意，也即是一種對人與人之間之言行舉止賦予標準、規範之意。任何社會單位，不論其文化水準之高低，都應有其一定的公認行為準則，對於違反規範者並不會遭受法律上之處罰或是道德上的制裁，但是會因為言行舉止之失當而受到團體中其他成員之責難。

雖然沒有任何一國家之法律規定喝湯時湯盤傾斜方式，與湯匙舀湯時必須由身體向外做動作，也沒有硬性規定稱內科醫生為doctor，而稱外科大夫為 Sir，但是若有任何人不如此做的話，就不符 Etiquette 了。

國際禮儀之起源據說來自英國的宮廷中，但卻並不是英國人所發明的。根據考證，它們是起源於中古世紀的歐洲大陸。所以Etiquette本是封建社會宮廷中的產物，再以國王為中心，向社會上之高階人士傳播，而在輾轉傳入英國之前，所謂 Etiquette 仍然屬於貴族階層專屬的，一般平民百姓則並不時興這些規矩。

後來英國官方加以整合加工，去蕪存菁後的禮儀規範又經由「五月花」號傳到了美國新大陸。這些規範迅速成為殖民地家庭的重要人際關係之行為標準典範，不但老移民遵行不渝，新移民也自然地入境從俗，所以英式禮儀的社會化經由美國殖民的快速擴展也迅速地傳播到了北美

殖民地各地。

　美國殖民地時期由於移民來自四面八方，各有各自不同的風俗習慣與生活方式，由於誤會與陌生，所以也常常造成了社會上人際關係的混亂與敵視。有志之士希望所有來此的拓荒者都能互相尊重，盡速融入「大熔爐」中，因此一套能為社會各階層，以及各地移民所接受的生活規範與公約，就十分迫切了。

　據稱，一七一五年時美國有一位名叫 Moody 的社會賢達，根據來自英國的禮儀規範，編著了一本名為《德行學校》之手冊，以為殖民地家庭在教育子女時有所依循。出版之後立刻受到大眾的歡迎，成為當時殖民社會的禮儀經典。後來又有美國國父華盛頓等人，有感於社會上禮儀混亂而著作生活禮儀相關手冊，以祈撥亂反正，達到教化社會之目的，由此美國社會之生活禮儀已有了基本的遵循原則了，而其中主要部分也成為今日世界國際禮儀之重要內容的依據。日益強大的美國，經過了許多次大大小小的戰爭，尤其是第一次與第二次世界大戰，又再以戰勝國之強勢姿態把美式禮儀傳播到世界各個角落，甚至回傳至其發源地歐洲大陸乃至英國。因此我們今日所謂之 Etiquette，是以封建時期歐洲之繁文縟節的宮廷式貴族禮儀，經過英國宮廷修正再造，與美國殖民地社會的務實將其合理化、生活化後，輾轉成為今日世界上各國人民所奉行的一套行為舉止的範本了。

美國皇帝　　Knowledge

　　眾人皆知美國是世界上第一個民主共和國，可是沒有幾個人知道美國曾經出過一位深受其子民愛戴的皇帝，駕崩之時有兩萬臣民前往弔喪致哀。

　　公元一八五九年的某一天，舊金山日報突然出現一位身著上校軍服的人士自稱是美國皇帝，要求總編輯把他的詔書登在報上昭告全國。從此美國皇帝諾頓開始君臨天下二十年。就在第一道詔書頒佈的一週後，他又頒佈第二道詔書：稱國會貪污腐敗，應予解散，由他躬親治國，不久又詔曰：南北戰爭應該停止，命令林肯與戴維斯二人即日前來舊金山，聯將予調停。當然，兩個人都沒有來！

　　諾頓皇帝的皇宮位在一棟破舊的公寓內，牆上掛著維多利亞和拿破崙的肖像，每天下午出巡，身後跟著兩條髒兮兮的土狗，和他一起檢查陰溝的清潔，以及核對公車是否準時，遇見有人向他鞠躬時他威嚴地答禮。

　　舊金山所有的戲院均有一保留座，以備皇帝駕臨時使用，萬一諾頓皇帝真的來了，全場觀眾一定起立致敬，他又制定稅法，商店每週收稅五角，銀行收三元，而大多數的人也照辦了。

　　有一天他被一位新來的菜鳥警察以遊民罪逮捕，結果輿論文章，警察局長親自向皇帝道歉才平息眾怒。諾頓去逝後，報紙發出訃聞：諾頓皇帝不擾民不殺人、不橫征暴斂，僅此數端，就遠比其它國家的皇帝好的太多了，也許這就是他為什麼深受人民愛戴的原因吧！

介紹之禮儀

人是社交動物（Social Animals），除了少數特立獨行的人士以及居住於海角天涯，離群索居者外，我們從小到大的生活中，有不計其數的機會（有時不管你願不願意），不斷地認識他人同時也被他人認識。某些場合中，若主動與被動的方式弄錯，將會使雙方面都感到尷尬，如此一來介紹彼此認識的美意也就喪失了。

社交場合有如親友宴會、婚喪喜慶聚會、雞尾酒會、自助餐會、音樂會、歌劇、茶會等一般性較常見的輕鬆聚會，還有一般朋友自行邀約在PUB、餐廳等舉行的小型聚會，以及在某些場合不期而遇而互相介紹彼此同伴。正式的場合則如重要慶典、會議、座談會、講演會、新產品發表會、商務會談等比較嚴肅而正式的場合。

下面是一些約定俗成的介紹方式，只要照著去做，大都錯不了。

一、女士優先

西洋人非常重視女性的社會地位，例如有一位女士進入聚會場所時，在場所有男士（小男孩例外）均必須起立表示尊重，待女士就座後，眾男士方可復坐，但這只限第一次進場時，至於在場的其他女士則僅須點頭微笑即可，因為女性與女性是平等的，除非進來的是一位高齡老太太，如果新來者只是一位比在場的諸女性大了幾歲者，則在場女士也不宜起身，否則會讓初來者感覺自己似乎已經有一大把年紀的尷尬。

二、VIP級的人物

　　另外一種情形就是當一位社會地位很重要的人士進場時，禮貌上在場所有人不論男女都須起身表示尊敬，例如說是主人的父親，或是議會議長、將軍、大學校長等社會上公認為VIP級的人物，都可算在內。

三、介紹之先後順序

　　記住，永遠把社會地位較低的人介紹給地位較高的人，當然這一點有時會不容易判斷。若地位差不多，則以年齡來決定總是不會錯的，若不，則以「女先男後」之性別來判別亦是可行的。

四、家中的成員

　　若是家庭一起出席的聚會，則一定要把自己家中的成員介紹給其他人認識，以示對對方之尊重。但是若對方是年輕人，則應當引薦他們給自己的長輩，如父母親、叔叔、伯伯、阿姨等，這是因為他們之間的年齡有一較明顯的差距。

五、年齡之長幼

　　把年齡較輕的人介紹給年長者，正如前述，年齡在一般社交場合是一項介紹與被介紹的重要指標。

其實要弄清楚介紹的優先順序一點也不難，比較難堪的是怕你一不小心說溜了嘴，例如說你將一位較年輕或是一位男士當成主要人物，而要一位年紀較長者或是女士前來介紹，要避免這種尷尬情形發生的最佳方式就是：記住先稱呼重要者的頭銜以及姓氏。例如：「李教授，這是我的大學同學王建國先生；這位是台大歷史系李正明教授」，如此就不會犯錯了，所以請記住：女士、重要人物、年紀長者的名字要先說出來。

六、交換名片

一樣依上述優先順序，被介紹者應先出示名片以與對方交換，交換名片不需用雙手，只用一手即可。一般西洋人都是單手傳遞或交換物品，如信件、文件夾、小型物品等，只要是一手就能完成的事就沒必要用兩隻手，因為兩隻手奉上名片在外國人眼中看起來是十分笨拙的。國人以雙手表示尊敬，在國外時則可免矣。接過對方名片後，理應端詳一陣後再收入自己的名片匣內，千萬不要隨手放在褲子口袋一塞了事，這會讓對方有不被尊重的感覺。

如果名片剛好用完，一定要加以懇切解釋，言明實情，並表示第二天就會補上，敬請對方原諒等等。不過這種情形在一般社交場合尚可原諒，但若是在正式場合則是非常失禮的，因為名片只可多帶備用，絕不可只帶幾張就前去赴會，若對方是客戶則會讓他覺得你似乎不太重視這次會面。

七、介紹時之稱謂

介紹時最好使用雙方全名，以示正式，否則至少也得用姓氏加頭銜，譬如說，張經理、趙董事長等。不要只用名字，只用名字介紹的場合應是在非正式餐會、酒吧等公共場所，或同事、同學之間的寒暄式介紹。

八、介紹時的口氣

介紹時不可用類似命令的口氣，應多用如：Excuse me, Mrs. Lee, May I introduce Mr. Paul Chou, my classmate in high school？或 Dr. Wang, this is my roommate……；Mr. Peter Lin my……等較緩和及委婉的口吻爲佳。

九、介紹已婚婦女時

以冠夫姓的方式介紹較爲妥當，亦可再加上婦女自己的名字。夫妻一起被介紹時也須先介紹太太（女士優先！），之後才介紹其先生。

十、握手

握手必須基於雙方之自然意願，不可強求。原則上女士、長者、大人物應先伸出手表示友善，另一方才可以伸手互握，時間則以一秒鐘爲原則，不可一直握著對方的手不放，力量須適中，過重讓人不舒服、太輕則有應付對方之嫌疑。其實只要稍微注意別人怎麼握就能明瞭。當然也

不可以用雙手去握對方的單手，看起來也會讓人感覺十分怪異。

男士若戴手套也須先將要握手的那一隻手套取下，待握完手後再戴上，女士則不在此限，儘管戴著手套也無妨。

十一、目光接觸之禮儀

「目光該接觸而不接觸，或不該接觸而接觸時，都是不禮貌的」。社交場合中在介紹、打招呼、共聚一堂、街頭偶遇等，只要是人與人近距離互動的場合，一定會有目光接觸的機會，不論相識與否情形都是一樣的。因此我們必須要了解一些兩人眼神交會時的基本禮儀，儘量避免給人粗魯、霸道、侵略、虛偽、鄙視等之感覺。

我們先從動物談起，當兩隻野獸在相遇時如果互相睜大眼瞪視著對方，這很明顯是一場爭鬥開始的前兆，接下來可能就是低聲咆哮，然後就是慘烈的惡鬥直到分出勝負，由此可知野生動物直覺上把直視當做挑釁的行為。一般在社會階級制度明顯的群體動物生活中，低階動物是不敢直視高階者的，否則必定換來一陣攻擊，這一點我們由著名的黑猩猩研究者珍古德的建議即可了解，她在設法與黑猩猩接近以便就近觀察其行為時，若遇有猩猩直視她時（可能覺得她長像有些奇特吧！），她一定避免與之對視，而且會立刻用手拔一些樹葉、青草等放入口中咀嚼，以讓猩猩視為她也是同類而不會攻擊她。

由此我們可知，在人與人相遇之時，不可以一直瞪著對方看，否則一定會引起他人之不快，但是目光接觸仍是必須的。第一眼看見對方時，

應該直視一會兒，表示：我看見你了！若再加上微笑與熱誠，則一定給對方極佳的感覺。但是一直盯著方看就會令人不自在了，這也是為什麼在英國的電梯中，所有搭電梯的人只要一進入電梯就會各自尋找一個目標，以讓自己的目光可以投射其上，不論只禁煙標示也好，載重限制也罷，反是就是避免與搭乘同一電梯者目光不得不交會的尷尬。

以下是一些與人相處時不好的目光接觸方式：

☆目光游移

會給人一種尋找目標的感覺，就像在警探電影中，那些偵探或警探的目光如探照燈般四處尋找目的物，這對偵探來說或許是對的，但是在社交場合就會給人毫無誠意的感覺。有些人在被人互相介紹時，或在與人握手時也會目光游移，儘管手正與人交握，也不顧對方之感受。

☆看著他處

與人交談時如果目光一直看著不相干的地方這也是不禮貌的，雖說一直看著對方不禮貌，但是一直他視，不看對方也是不妥的，這會給對方一種不受重視的感覺，會讓對方覺得你一直想要盡快結束交談而離去。

☆斜眼看人

這也是極不禮貌的目光接觸方式，有句俗語：「這種人我連正眼都懶得瞧。」也就是輕視對方之意，所以如果有人以斜眼方式看著你，你心中會作何感想？也因此斜眼看人會給人粗魯、無禮、沒有教養的感覺，應該絕對避免。

☆不敢直視

也就是與人談話時，雖然態度恭謙但是目光始終不敢與對方正面接觸，一直在看自己的鼻尖、下巴、或是其他地方，這些都會給人一種膽怯、懦弱之感，似乎對自己毫無信心。如果這種情形發生在商場上，則對個人之人際關係定會有不利之影響。當然如果是一對剛才認識的男女，女生在與男生談話時有如此情形是會讓人諒解的。

☆目光疲憊呆滯

看起來似乎一夜未眠，精神狀態極差，或是大病初癒，要不然就是剛剛加入失戀陣線聯盟，這會給他人一種虛弱，可憐的感覺，如果有這種情形則應立求改善，此時極不適宜參加任何社交場合。

☆太過熱情

目光炯炯有神，與人談話時熱情奔放，這種目光在一般場合是OK的，但是如果是在與女士談話時，就可能給人侵略性太強或有追求對方之暗示。在商業場合這種目光也會給人咄咄逼人之感，如果是面對客戶，可能會給對方太過強勢，難以溝通之感覺，反而影響了人際關係之開拓。

眼睛是靈魂之窗，也是人與人交往時表達自己內心感覺的一個重要指標，當然可能因為每個國家、地區之風俗習慣而有所不同，但是其基本原則總是相差不大多，因此在社交時適當的眼神，配以合宜的手勢、語氣、身體語言等，對於留給他人良好之印象是會有相當大的助益的。

十二、忘記對方姓名時

　　有時當你向他人介紹朋友，可能會有突然忘記對方姓名之尷尬，此時你已不能回頭，也無法掩飾，那麼最好的方法就是自我調侃一下，如：「唉！我最近怎麼老是腦筋不清不楚，不過如果兩位不介意的話，能否自我認識一下？」

十三、自我介紹時

　　若無適當的人當橋樑向他人介紹自己時，亦不妨自行將自己介紹給他人認識。但要記得的是，不要打斷他人的談話，在介紹時也須愉悅地把自己的姓名以及與主人的關係向他人介紹清楚。

十四、第一印象往往是最重要的

　　以介紹為橋樑，與他人建構起友誼之鏈，從而豐富雙方的人生，擴大一己之視野，但在介紹初時務必在他人心中留下深刻及良好之印象，以為日後再度相逢埋下良好契機，因此介紹場合之禮儀確實不可輕忽。

稱呼之禮儀

稱呼他人為一門極為重要的學問，若稱呼得不得當，則很容易讓他人產生立即的反感，甚至嫉恨在心，久久無法釋懷。

一、認識者之稱呼

對於自己已經認識的人多以 Mr.、Ms. 或 Mrs. 等加在姓氏之前稱呼，如 Mr. Chang、Ms. Tseng、Mrs. Huang……等，千萬不可以名代姓，例如美國國父喬治‧華盛頓，人們一定稱之為華盛頓總統、華盛頓先生，如果稱他為喬治先生，保證震驚全場，因為只有以前的黑奴才會如此稱呼主人的，此點國人常常弄不清楚，所以也讓別人驚異連連。

二、重要人士之稱呼

對於重要人物最好加上他的頭銜，如校長、大使、參議員、教授……等，以示尊重。當然也如前述是以頭銜之後加上其人之全名或姓氏稱呼之，千萬也別接上名字。

一般而言，有三種人在名片上和頭銜上是終身適用的，這三種人是：大使（Ambassador）、博士（Doctor）以及公侯伯子男等皇室貴族身分。在稱呼他們時一定要加頭銜，否則表示十分不敬，甚至視為蓄意羞辱，所以務必謹慎小心。

三、不認識者之稱呼

可以 Mr. Madam 稱呼之，有不少國人一見外國人就稱爲 Sir，這是不對的，只有對看起來明顯十分年長者，或是雖不知其姓名但顯然是十分重要的人士方才適用。當然，面對正在執行公務的官員、警員等，也可以 Sir 稱呼以表尊敬。而相對於女士則一律以 Madam 稱呼之，不論她是否已婚。

對於年輕男孩可以稱之爲 Young man，年輕女孩則稱爲 Young lady，小孩子可以暱稱爲 Kid(s)，而比較禮貌的稱呼爲Master，在此Master並非主人之意，有點國語的「小王子」之類的稱呼法。

 ## 錯把「尊稱」當「自稱」，怎可自稱是「小姐」？

多年前，我國有一位女性部長前往新竹科學園區予科技廠商座談，席間廠商代表發言相當踴躍，提出各種問題希望政府能幫忙解決。

女性部長聽完之後面帶微笑，充滿熱誠的對聽眾說：大家的問題部長都聽到了，各位放心，部長一定會盡力幫大家解決。

一般人似乎並未注意，但是部長自稱是部長，這可是件奇聞，因為錯把「尊稱」當「自稱」，怎可自稱是「部長」？

稱呼自己叫做自稱，一般多用謙稱；稱呼別人則應該用尊稱。頭銜則是稱呼別人必須注意的禮貌。但是自稱時萬萬不可使用尊稱，否則就會鬧笑話了，以上所述即是一例。

另外有一次友邦元首來訪，有一位地方級民意代表因為粗魯無禮而使該元首受窘，事後竟然當眾對著媒體辯稱：「本席」其實是出於好意……云云。一位地方民意代表竟在議會以外自稱「本席」實在是極大之笑話，也讓我們了解我國民意代表之素質之一般了。

但是在我們日常生活中此類之笑話卻處處可聞：

在辦公室裡電話會談中，常常可以聽見「你好，我是××公司的李小姐」或是「我是××公司的張先生，我要找×××……」

更有甚者「Hello，我是王經理，請你幫我找……」

等相當錯誤的自我稱呼。正確的稱呼應是：「××，我是王建國，請你幫我找……」對方聞言應會回答：「王經理你好，我馬上會……」

或是「我是××公司的張小鈴，我要找×××」對方聞言應會回答：「張小姐，妳好，我等會……」。以上才是比較妥當的自稱方式。

所以以後不可再以「先生」、「小姐」、「經理」、「總經理」等自稱了。

只有一種情形例外，那就是軍中，因為軍中屬於階級嚴格劃分之特定團體，所有人員一律以職稱自稱以及稱呼其他人，因此並無謙稱級尊稱之問題。

電話之禮儀

一、電話之重要性

　　電話是人類有史以來使用最頻繁的通訊設備，不但聯絡了人類的情感，促進彼此的交流，也是目前社會上不可或缺的生活必需品。雖然電話已發明了多年，普及率又是如此之高，但是仍然有不少人不太懂得電話的基本禮貌，所以也可以這麼說，只要聽聽電話的交談內容，即可以判斷一個人的教養水準以及社會化的程度。各大企業、公司，尤其是服務業，電話更可以說是生命線，因為有相當多的客戶都是以接電話者的態度來判斷這家公司值得信賴的程度。

二、電話鈴響

　　接電話時不要讓電話鈴響太久，有些公司硬性規定，電話鈴聲超過三聲以上未接就屬失職，將遭嚴厲訓斥。

三、首先報上自己姓名

　　拿起電話後，首先報上自己的部門或是姓名，以便電話的另一端知道此時是誰在聽電話。如果電話是直接接到，則要先報上公司名稱，讓對方知道電話打對了，若經由總機轉至部門則沒有必要再報一次公司名稱，否則對方可能會一陣疑惑，此時報上部門名稱或自己的姓名即可。

在電話中自己稱呼自己時，千萬不可以將自己的頭銜加上，如董事長、總經理、甚只是先生、小姐等，因為這些頭銜都是社會上的尊稱。但是在國內卻經常可以聽見：「你好！我是李小姐，我想要找XXX先生聽電話。」或是：「喂，我是張董事長，請幫我轉XXX。」

一般人多見怪不怪，積非成是，稍微有點Sense的人可能為之驚訝不已，別說是董事長、總經理、立委、議員，其實先生、小姐亦屬尊稱，不宜自稱。

正確的說法應是：「我是陳建國，請幫我轉XXX。」接電話的人若是認識來電者，則自然應以尊稱稱呼：「喔，陳校長您好，請稍後。」請問你何時聽見陳水扁總統說過：「各位同胞大家好，我是陳總統。」

四、電話的聲音

說電話的聲音應適中，愉快中帶有極願意與對方交談的意思，任何人都希望電話的彼端傳過來愉快、親切的聲音，若是聽到的是心不甘情不願、音調低沉、公事性的回答，心情一定不會好。

五、注意基本禮貌

多用請、謝謝、麻煩你等字眼，語句也多用祈使句，少用命令句。語氣則最好婉轉，一方面顯示個人水準，一方面讓聽的人樂意為你服務。國內有不少公司，電話接得亂七八糟，常常可聽見員工滿腔不耐地說：

「你哪裡？他不在，你待會再打吧！」連一句：「請問哪裡找？要不要留話？」都不會說，讓來電的人後悔打這通電話，更別說下次再打了。

六、插播電話

　　若通話中遇電話插播時，應請線上談話者稍待，然後告知第二通來電者現在正與人通話中，可否稍後回電，然後再繼續與有優先權的第一通電話交談。當然若後來的電話非常重要，或是你不太想和前一通的人繼續交談，則可以相反的順序為之，並不失禮。

七、代為留下訊息

　　若對方找的人目前不在場，可以代為留下訊息，以便人家返回時可以回電。訊息務必留清楚，姓名、電話號碼、目的以及來電時間等，最好都記載清楚。一般來說，在對方來電二十四小時內必須回電方才妥當，因為不回覆來電等於是讓對方罰站等待與你交談一般，非常不禮貌。

八、打錯電話時

　　不必生氣，不可口不擇言，有時可能不是對方的錯。只須告知「Sorry, Wrong Number！」即可。而打電話來的人若心中懷疑，也可以先詢問對方是否是自己撥通的電話號碼XXXX，若不對，則應道歉然後掛斷，不可以粗魯地反問對方：「喂！你們那裡的電話號碼幾號？」

九、性騷擾電話

　　不要驚慌、不要生氣，否則對方會更興奮，只要斷然地掛斷即可。若對方仍一直打進來，你可以拔掉電話插頭，或告知對方你已加裝了來電顯示器，若再打來則將報警處理。

十、長話短說

　　盡量精簡內容，以達到簡明扼要之程度，無論在家中或是辦公室，一直佔著電話線總是不妥當的，若真的有那麼多的事要談，為什麼不約出來見面一敘？

十一、有人到訪

　　電話交談中，若有人來訪，則當然以造訪者為優先，你可以告訴對方目前正有客人，不方便與對方久談，可以留下對方姓名、電話後再行覆電即可，但可別忘記回電。

十二、避免干擾他人

　　打電話時請注意個人作息之習慣，避免干擾他人生活，國際電話也必須注意時差問題，最好選擇一個雙方都適合的時間較佳，否則可以傳真或 E-mail 代替之。

十三、行動電話

　大哥大在近年來非常流行，是一種非常實用的通話工具，但在使用時請注意身處之場合，如在公共場所，像是地下鐵、巴士等地時，可能由於人聲嘈雜或是收訊不良，不自覺地就會愈說愈大聲，以致旁邊的乘客耳朵都遭受無妄之災，可憐的他們不得不強迫自己聽一個不相干的人談他的公事、私事、無聊事！所以若是真的收聽不清楚時，可告知對方你待會兒再回電，別一直大聲嚷嚷：「喂？喂？你聽得到我嗎？」

十四、禁用手執聽筒

　開車時禁用手執聽筒通話（可用耳機式），在許多國家已變成法律了，違者將受重罰，若是臨時接到電話又無耳機時，也請先靠路邊暫停以便通話，不要一面談話一面開車，如此不但危險，而且因為你會不自覺地放慢車速，以致在你後面排隊的車輛保證把你恨得牙癢癢的。

現代電話是如何發明的 **Knowledge**

台灣的電訊事業非常發達，我們可以在自己的家或是公司打電話給國內甚至是海外的親友，無遠弗近，相當的方便，可是在現代電話發明之前，事情可不是這樣子的。

一八八九年，也就是一一五年前，在美國印地安納州有一位斯特羅傑的殯儀館老板，經常和當地電話局的小姐發生爭吵，因為他非常不喜歡這位小姐說話的態度以及禮貌，幾次爭吵以後，他慢慢發現自己的業務也愈來愈差了，他明察暗訪，終於查出原來是電話小姐在暗中搞鬼，訂戶打給他的電話全部轉到其它殯儀館去了。

斯特羅傑非常憤怒但又無計可施，本想前往電話局去好好教訓這位小姐，可是左思右想後，決定乾脆著手發明自動轉接電話，也就是最佳的報復：你要我生意差，我就砸了妳的飯碗！

不眠不休苦心研究試驗了三年後，他終於成功了，按鈕式電話面世了，從此以後人們不論地區或是長途電話都可以直接打往各地，無須再經人工耗時費力的轉接，當然斯特羅傑在這項專利方面的獲益絕對是遠遠超過他原來經營的事業的！

演講會之禮儀

知識傳遞頻繁的今日，儘管有電視、電台、網路等多種方式來傳達以及報導訊息，可是還是有不少人依然喜愛那種臨場感和親身參與的樂趣。有些演講會是被工作的機構派遣前去，有些則是依個人的需要、興趣等自己前往的，但同樣的，有些事是不可不知的。

一、準時抵達

如果演講場地是第一次前去的，則必須提早到達，以便找到正確場地和自己的座位。想一想，在大夥都坐定傾聽演講者演說之際，突然有遲到者冒失闖入，這不但會影響到其他的聽眾，同時一定也會影響台上的主講者。所以有些正式的演講會都會有守門的工作人員，一待演講已開始則立刻暫時關閉入場處，遲到者只能在場外聆聽由擴音機傳出的現場實況了，而且一直要等到中場休息時方得入場。

若真的遲到而仍然可以入場時，最好暫時坐在後排無人處，以免找座位擠來擠去造成他人的不便，待中場時再坐回自己的座位或找尋更佳的座位。

進場後請立即關閉行動電話、呼叫器等聯絡工具，或至少改為振動式呼叫，以免震驚四座，怨聲四起。

二、不要吝嗇掌聲

對台上的主講者來說，受到台下聽眾的鼓勵與認同是十分重要的，再有經驗的演講者，面對一群漠然的聽眾時，也是很難維持高昂興致的。在如此情形下，精彩動人的演講是不太容易出現的，所以，適時運用你的雙掌以求台上的人渾身解數吧。

三、不要中途離席

中途盡可能不要離席，不論是要上洗手間，或回一通重要的來電，或另外約會的時間到了必須離開。如此會令台上的人心情受影響，以為自己講得不夠好，所以有人要走？台下的人同樣也會被干擾。所以，真的可能會有上述情形發生時，也請在演講的中場休息時間離開，否則就在進場時選擇最後面的座位，以期傷害減至最低。

四、如何提問題

若是屬於會中可由聽眾自由提問之演講，問題務必與當天演講之主題相關，並盡量簡明、扼要，不可藉機炫耀自己之學問知識而冗長發言。請記住，台上的人才是主角，前來聽演講的人是為了他，而不是為了你。如果自認言語表達沒有把握，可以用發言條的方式請演講者回答。

五、保持安靜

演講進行或他人發問時請保持安靜，不要台上台下講成一片，如果真的不竊竊私語會很痛苦時，也請盡量小聲，以不影響到前後左右鄰座為原則。

六、禁飲、禁食

所有會場幾乎都全面實施禁飲、禁食，請不要做一個大家都討厭的人。如果被人當面禁止上述的行為，你會不會尷尬呢？另外國際上十分重視著作權，最好先問清楚是否有權可以自由拍照、錄影、錄音，可否使用閃光燈等等。

七、服裝

參加演講會的服裝一般以整潔為原則，在這種場合穿著最好不要太過炫耀、招搖，女士之香水及首飾也請節制，若喧賓奪主而變成眾人的焦點並不合適。

談話內容之禮儀

一、話題

　初次見面或是不十分熟識的朋友經介紹而認識時,談話的內容必須加以注意,盡量避免一些只有少數人士有興趣的話題,以免其他人只能無奈地聽下去,索然無味地等待聚會的結束。

二、避談的話題

　避談政治、宗教等造成爭議話題,基於禮貌,雖然並不會有人當場與你爭論,但在心中一定十分不舒服,可能你無意中得罪了人而不自知,這自然也失去了社交的意義了。

三、風趣幽默的談吐

　風趣幽默的談吐一向為眾人所歡迎,但注意不要一直是 one-man show,要讓其他人也有發言與參與的機會,說笑話時也盡量避免宗教、政治性的笑話,若有女士在場,也應避免太露骨的黃色笑話,否則會讓人覺得你太輕浮。

四、避免詢問太私人的問題

　避免詢問他人穿著、飾物等之價格,此點與國內女性頗為不同。當此

話題一出，眾人都會感到坐立難安。儘管可以對他人的打扮加以讚美，但應適可而止不可太誇張，免得對方以為你在暗諷他。請記住：讚美也是一種學問。

不可談及他人之年齡，尤其是女士，這點大概大家都已知道了，但是請注意，女人也不可以問其他女人的年齡。

五、避免小圈圈

切勿形成小圈圈，社交的目的就是讓大家彼此認識、彼此熟悉，若是你只和自己熟識的人交談，不但無法達到交誼的目的，也會令人討厭。若不幸有這種情形發生時，不妨可以藉著去加酒、上洗手間等方式脫離小團體，再伺機和其他人士交談。

六、不可竊竊私語

此種行為以女性居多，是一種不禮貌的舉動，會讓人有別人當著你的面說你壞話的相同感覺，若真的有私事要交談時，可以找一個人較少之處或角落私下交談即可。

七、國際語言

有不同國際人士在場時應一律使用英語，因為在場的所有人都有聽與說的權利，不可將之排除在外，否則極為失禮。

八、有人公開發言

主人或賓客發言時，在場的人都必須立即安靜以示尊重，待發言完畢後才可再繼續彼此未完的話題。千萬不要如國內喜宴一般，台上與台下的人是各說各話，各不相干，這種情形在國外是絕對看不見的。

九、談話內容

一般以天氣、各地的風俗民情以及有趣的事情為佳，例如飲酒時，你可以談談我國的酒類以及飲酒文化與西洋有何異同，或是各國的節日等，讓眾人皆有參與及表達的機會，同時也可增長彼此的見聞。

 # 委婉用語

為了避免談話時太直接或避免尷尬，常常會用修飾方式來表達到此一效果，這就是委婉用語了。委婉語的好處是聽到的人知道說者要表達的意思，而說者也可以用比較文雅的代替詞表達意思又不會予人粗俗之感。

中文中有不少委婉詞，提及一些與死亡、罹病、女性生理、性等方面多會以代替語為之。英文之委婉語叫做Euphemisun，這個字源自希臘，eu是好的意思，phemisun是言語之意，整個字的意思就是「好的言語」。

受過良好教育的人，尤其是女性，有一些字是絕不可以說出口的，一旦出口則一定震驚四座，他人對其之觀感一定也會大打折扣，所以一般都是十分謹慎小心的，以下是一些常用的委婉詞。

◎廁所：很少人用W.C.這兩個字了，一般多用Bathroom（浴室）、Restroom（休息室）、Toilet（洗手間）、Ladies room（女士間）等來代替，更文雅的說法是「補補妝」。

◎粗話：一般女士是不可說任何粗話的，但為了表達不滿或憤怒的情緒，可以用一些無傷大雅的委婉詞來表達，如Damn it可以說成Parn it，中文「他媽的」可以說成「他母親的」或「問候他母親」。「shit!」常在電視中聽見，也是一種粗話，但可以說成shoot!就不會太難聽了。「Fuck!」這個字更可怕，所以就有人說「威士」來代替。「Son of Bitch!」一般縮寫成「S.O.B.」代替。

◎上帝：信仰基督教或是天主教的國家是准許隨便稱God!或是Jesus!的如果有人在口語中不斷提及上述兩字當成口頭語時必定惹人厭惡，如說oh, my God!或是oh, Jesus Chuist!都是不妥的，如果一定畏說就說成oh, my gosh或oh, my goodness來代替吧！

◎女性：乳房應為bnest，但是僅用中性chest來表示。內衣褲underwear有時以unmentionable「不可提及」來代替，生理期則用friend朋友或Auntie阿姨來代替。

◎死亡：一般用with God回到上帝身邊pass away離去了，no longer with us不再與我們同在等代替。

◎桃色新聞：事關個人之名節一般僅用affair或是最多用love affair表達。

◎臭味：一般僅用「有味道」smell，表示發出臭味，但是smell也同時可以表達香味之意，端視說話者表情而定。

◎懷孕：可以用one is on the way（有一個人正在前來的路上）。Expecting（令人期待的）等表示，這是正常合法的懷孕，但如果未婚懷孕等就必須用an accident（意外）或是in trouble（有麻煩）了來代替了。

女士優先

談到國際禮儀，就一定會聯想到「女士優先」這句話。在今天的世界上，除了少數地方外，在一般比較正式一點的場合，這句話可以說是放諸四海而皆準的，無論是飲食、交通、娛樂，都無需明顯標示著上述話語而人人皆奉行不渝，這種情形常令國內女性在國外時會有「受寵若驚」的欣喜。

一、行走時

在馬路上行走時，男士須走在靠近車輛之側，而讓女士走在近牆壁或商店之內側，這一點是源自古老時代，當馬路還是真的「馬」路時，每當天雨必定滿地泥濘，過往馬匹車輛奔馳而過，常會濺起污水及污泥，男士則剛好以身護花，充當女士之擋箭牌。現代雖然這種道路已很罕見，但男士走在外側的習慣則已經根深柢固傳了下來。

二、進入餐廳時

女士應走在前面，即依序是：餐廳領位人員→女士們→男士們。待侍者替女士們安頓好座位後，男士們才可以坐下；若無侍者替女士服務時，男士應先走到女士的座位旁，替她（們）拉出椅子，擺開餐巾後，方才走回自己的座位再坐定。

　　如果席間有女士欲離席，此時在其身旁之男士也應立即起身為其拉開
椅子，讓她方便離去，然後自己再坐下來。而女士返回時，同樣程序就
應再重複一次，這一點我們東方人看起來好像很麻煩，似乎沒有必要，
但在正式場合若這位理當伸手服務的男士端坐不動的話，一定被其他在
場人士視為粗魯無禮、沒有教養。

三、進入轎車時

　　男士應先行打開最近的一扇車門，待女士坐定後，關上車門，繞過車
後，再自己開門坐進轎車內。下車時也是男士先開門下車，繞過車身，
替女士開門，待女士完全離開車後，再關車門，然後一起離去。

四、進入電梯時

　　男士也須先行替女士擋住電梯門，女士進入後自己才進入，並按下欲
去的樓層。抵達該樓層時，也須先用手擋住電梯門，待女士完全走出後
方才跟上。此點不僅適用在女士身上，一般對待客戶、長輩或重要人士
均如是。

五、上樓梯或是電扶梯時

　　男士應走在女士後，以防萬一女士跌倒時可以攙扶之；下樓時則相
反，應由男士領前，其道理與上樓梯相同。

六、進入旋轉門時

若門仍在旋轉，則女士優先走入，若是處於靜止狀態，則男士先入門內以便為女士轉動旋轉門。

七、在公共場所時

如在巴士、輪船、火車上，一般來說男士不必讓座給女士。

我們常說：讓座老弱婦孺是美德。但國外情形大不相同，他們是以權利與義務之觀念為出發，既然已花了錢買了票，則自己的權利與他人是一樣的，沒有讓座的義務。一般比較有可能看到的情形是讓位給孕婦、懷抱嬰兒之婦人、殘障人士以及真的十分老弱的人。

從來沒看見有人讓座給小孩子（孺）的，在他們的心中是不可能有買票的讓位給沒有買票這種道理的！

八、自助餐會時

主人多會宣佈：各位來賓，請自取佳餚，OK！Ladies first！這時男士須等在原位，待女士取完首輪後，男士再依序取用。

以上所言不過犖犖大者，必須用心體會方能運用自如，尤其要注意的是，不但時機要恰到好處，且神情舉止也須愉悅，好像是在說：能有此一服務之機會，實在是無比之光榮。如果無法揣測捉摸，回憶一下幼童時在學校為老師服務之光榮心態就對了！

為何女性比較愛哭　Knowledge

世人皆知女性較容易哭泣，大事也哭，小事也哭，情緒不佳時哭，高興時也哭，甚至兩個剛吵完架的女人會各自分開哭。究竟為什麼女性為什麼如此善於掉淚呢？

科學做了一個試驗，其中一組人去聞剛剛切開的洋蔥三分鐘，然後收集他們新鮮的淚水；另外一組人則觀賞悲劇電影兩小時，一樣收集了他們的悲情淚水。

研究分析兩組人馬的淚水後竟然發現其淚水的化學元素大不相同；受洋蔥刺激而產生的淚水其中的催乳激素含量還遠遠低於悲劇電影產生的淚水。而所謂的催乳激素就是在人類血液中用來刺激乳腺分泌人乳的要素，而女性在血液中的催乳激素含量是遠遠超過男性的。

研究又發現，哭泣可以排除體內因精神緊張而累積的毒素，所以哭過以後會有舒適的感覺，女生經常哭也可使體內更加乾淨，也許這也是女性較長壽的原因之一吧！

下一次想哭時就哭吧！管他別人笑不笑你，至少對你身體是有好處的！

我愛陌生人

在與陌生人相遇時，個人反應會顯現出不同的文化差異。不論空間很大的電梯，或寧靜的散步小徑，或許只是海灘上清晨黃昏的偶遇，只要是夠近的距離，雙方也均意識到：我已看到你了！此時如何對一位有可能從此不會再見到的陌生人表達人與人之間的善意與關懷呢？

一、不用矜持，放下自我

看見對方的那一瞬間，點頭、微笑，可能的話再加上一句「嗨！」，或是視時間而定的「早安！日安！」等，讓他感受你的和善與禮貌，自然而然也還以相當的問候，然後擦肩而過，不是滿好的感覺嗎？

二、自動門

身後有人要進入自動門內時，請為他擋一下門讓他方便通過，區區舉手之勞，但受者心中將十分愉悅，一聲謝謝也足以回饋你一點心意。

三、超級市場

在超級市場或購物中心排隊付帳時，若身後之人手上僅有少數物品，而你卻是採購滿車時，不妨禮讓其先行結帳，保證讓對方感激不已，「先來者先服務」是可以改變的原則，可以視當時之情形而調整。其他如殘障人士、孕婦等不適宜久立者，也請盡量禮讓他們優先結帳。

四、等候計程車時

若有人手上拿滿了大包小包的東西不方便開車門時，不妨替這位可憐的購物者打開車門以利其進入。沒有規定非如此做不可，但「仁民愛物」不就是如此嗎？

五、下雨天時

將雨傘與陌生人分享，共同走過一個路口、一段街道，將是對方一段美好的回憶。

六、電梯門

有人在電梯門即將關上時才匆匆趕到，而只有站在近門的你才知情時，請為他擋一下電梯門，讓這位可能急著上下樓的人，不必再浪費無謂的等待時間，讓他心中溫暖一下。

七、在飛機、輪船等公共場所時

如果有人似乎對你手中看的免費書報很有興趣的話，不用等他開口，在你看完後主動詢問這位陌生人想不想看，大可不必讓他再跑一趟。

雖然只是萍水相逢，但人與人之間的關懷就是由此而生。所謂「勿以善小而不為」，只要我們有能力幫助他人，盡量放手去做吧！這種機會處處皆是。譬如有人要打公共電話剛好沒有銅板，如果你在旁邊，又正

好有足夠的銅板時，會怎麼做？有人不小心遺忘了東西，有人掉落了物品在地上而不自知時，你是目擊者，又會怎麼做呢？發揮你的美德吧！

　　有一年冬天大雪紛飛時，我正在印度北部的喀什米爾旅行，手凍腳僵之際，突然有一當地之老者趨身前來，由身穿的斗篷中取出一只暖手的小火爐欲與我一同取暖，面露驚訝的我心中充滿了感激，老人的面貌我早已模糊，但這件事情我永難忘記。

拜訪之禮儀

　拜訪可分私人拜訪與公務（商務）拜訪兩種，雖說因為公私有別，拜訪的對象與會談的內容在程度上有所不同，但是有一些共通的原則是通用的。

時機

　一般來說新的鄰居遷入後，其附近鄰居會設法前往拜訪參觀，而主人也該視適當時機回訪才是，此外如即將遠行或是出國相當一段時日後再返國時，理應拜訪親友，其他如探病、慰問、祝賀等均是社交中常見之拜訪理由。至於商務會公務拜訪自然又有其不同之目的了。

時間

　除了有特別的原因，拜訪之時間最好避開星期假日、國定假日及太早或太晚、用餐時間、午休時間等。所以原則上應以上午十至十一點；下午三至四點較為恰當，當然午餐約會是可以與拜訪合而為一的。探病拜訪則必須視醫院規定和病人本人身體狀況而定。至於拜訪時間的長短，一般以三十分鐘至六十分鐘於宜，太短失之為應付，太長則又恐打擾對方，當然如果有重要事情商談無限制。

抵達時間

　　禮貌上應準時抵達或稍晚五至十分鐘，如果到的太早，可能主人身邊仍有客人或是有其他要務必須處理，客人提早出現勢必迫主人放下手邊工作來陪客人，如此也將影響其正常工作之程序。稍微晚到一點是可行的，但不能遲到太久，除非有臨時又無法抗拒之原因，如果真的會遲到，必須先以電話向主人說明原因請求諒解，並且告之將可能晚到方才合禮。當然見面時必須再一次誠懇致歉方才合宜。

打招呼

　　客人抵達後也許在與主人見面時會先與其他人員見面，此時亦須注意個人之禮貌，不論首先接待者是總機、門房、保全人員或是秘書人員，主動告之自己之身份與姓名是必要的，如果對方不十分清楚，也不應有不悅之表情，要知道並不是所有人都知道你與主人有約。接待人員負責接待、邀坐、奉茶時亦應禮貌致謝，不可以其身份較低而不屑表態。

等候

　　如果主人正有要事待辦，有可能會稍事耽擱方才見客，此時來客在等待時也必須注意：

◎不可隨意翻動他人物品，如果有裝飾品或擺飾吸引你的興趣時，可以

驅前欣賞，但不宜動手翻看，如果是報章雜誌或是書刊等自然無妨。

◎坐、立必須有樣，俗語說，坐如鐘、立如松、行如風，就是教人坐有坐樣，站有站樣，拜訪時切忌癱坐他人沙發上，或是翹著二郎腿，或是不停抖動大腿。當然也不可不停踱步，走來走去一副煩躁不安狀。

◎不宜向人借電話、借文具紙，但是可以借用洗手間先行整理服裝儀容，梳裝一番以便等會兒會談。

◎主人前來若邀請至另一房間會談時，原先之奉茶不宜由客人繼續攜至新地點飲用，應由主人或是其他人協助續或是換上新的飲料。

◎談話內容，一般拜訪都會有其目的，否則就叫「串門子」了。談話時除了開始之必要寒暄外，應該適時切入主題，充份溝通意見，或是詳細說明來意，以便主人能儘快掌握來意，不宜一直繞著圈子說明，甚至會面結束仍不知其來意均屬不妥。

◎談話時之用字遣詞也應注意，不可言詞粗敝讓人反感，口頭禪儘量少用，粗話也不可出口，若有女性在場則須更加注意，一個有教養的人絕不會在女性面前說粗話，或講一些有顏色的笑話或有性含意之事。

告辭

　　約定會面時間即將到時，或是該談之事已經談完，該表達之事已完整表達時，主人似已無繼續談下去之意願時，善於察顏觀色者應主動提出告辭之請求，因為來者是客，主人一般不會主動提出會面結束之要求的，反而多會客套要求來客多留一會兒。但是為客之道就是應知何時告辭，讓主人體會你的善解人意。

主人不在時

　　有時拜訪主人臨時有急事外出，或是未曾約定只是順道拜訪時主人剛巧不在，此時可以用名片轉他人轉交或是留在門縫上，唯一需注意是依慣例須將名片之左上角向內摺一些表示親自拜訪之意。這一點國人似乎不太了解，不知好好一張名片何以卻折了一個角？

Bye-Bye的由來　　Knowledge

　　在人與人談話結束或是聚會完成互相道別時一般多會用Bye-Bye來拜示道別，很多人都會說這一句話可是卻不知其含義。

　　事實上，Bye這個字是來自Good Bye，而Good Bye則來自God Bye，而God Bye即God be with you之意！也就是「願上帝與你同在！」，在分別時互相祝福對方不是很自然而有助友誼的嗎？

　　至於另一句較為正式的So long！則可能源自以色列之Shalom，以色列有一首非常有名的民謠就叫Shalom，是在親友道別時唱的：Shalom my friend, shalom my friend, shalom, shalom,所以So long的意思有直到下次再見之意，這與其他歐陸道別語，如法文Au revoir！義意上也是相同的。

　　至於其他的道別語則各有來由，如與即將出遠門的人道別時多用Have a nice trip！這應來自法文Bon Voyage！是祝福他人有一趟愉快的族程，正如中文的「一路順風」之意，當然現代人很少坐船旅遊，一般多搭乘飛機，所以又轉變成Have a nice flight！

　　在日常生活中我們常會用Have a nice day！Have fun！Happy weekend！這些道別語與宗教並無關係，完全是美式較重個人情感的表達方式。

敬禮與答禮

在正式場合中，我們多有機會使用敬禮與答禮的機會，如果敬禮與答禮的方式與姿勢不正確的話將會失去了表達敬意之情，除此也會遭人議論或是貽笑大方。敬禮與答禮一般可分爲軍式敬答禮以及一般敬答禮，現分述於後：

一、軍式敬禮

◎舉手禮

這是最常見的一種行禮方式，只要是受過軍事訓練者一定都知道如何行禮。凡是著軍服者，或是警察人員等其他穿著正式制服者均以此爲敬答禮之基本禮節、各國敬禮方式稍有不同，如我國是採用美式敬禮方式，手掌與帽簷平行，其他如英式舉手禮則是採掌心朝外方式敬答禮，此外我國規定敬禮者必須待受禮者答禮後，敬禮之動作方才結束，而歐美諸國則較寬鬆，其敬禮者行禮完畢後可以不待答禮即自行恢復敬禮前之動作。

舉手禮之由來　Knowledge

　　軍人穿著軍服時最常見之軍禮即是舉手禮了，世界各國其方式雖稍有不同，但基本上大同小異。但很多人一定不知道，舉手禮其實是跟男女之避諱有關。

　　多年前在英國的一次授勳典禮上，整列的英國海軍神情肅穆地等待英國女王之蒞臨與授勳。授勳時女王必須親自為有功人員配戴勳章於胸前，女王本身是女性，在授勳時兩人相距甚近，目光直視總是不妥。故當女王走到被授勳者面前時，該員必須以右手遮住自己的雙眼以免目光與女王接觸，典禮結束後海軍發現效果良好，於是規定只要是階級較低之官兵遇見高階者，一律行此舉手禮以示敬意，只是手掌的位置與方向調整成目前英軍正式之敬禮，即手掌朝外與面部平行，中指指尖輕輕接觸右眼稍旁。

　　海軍規定沒多久，由於頗能表現出軍人重視階級之軍中倫理特色，於是陸軍也跟著採用了。後來其他國家不久之後也紛紛起而效尤。

◎舉槍禮

軍人手持步槍時改行舉槍禮。舉槍禮原則上採雙手在步槍之適當部位，將步槍垂直舉在胸前，眼睛注視受禮者方式行之，原則上目迎不目送，也就是受禮者經過面前即停止注目。另外，也有執槍敬禮方式，左手採扶胸禮，有些則僅採立正姿勢。至於配帶手槍者則行舉手禮，配衝鋒槍及M16步槍者採右手執槍，左手採扶胸禮。

◎撇刀禮

撇刀禮亦稱吻刀禮，配指揮刀之部隊長在部隊集結受校閱或分列式通過閱兵台前時會採用，據傳撇刀禮源自以前騎兵敬禮，騎兵隊騎在馬匹上，敬禮時抽出軍刀，先做吻刀動作，再將刀向右下方揮下敬禮，待受禮者答禮後才收刀採抱刀狀站立或是採執刀狀，刀尖向上繼續前進。

由於以前撇刀禮用的是開過刀鋒的軍刀，相當具有危險性，亦曾發生軍人因練習刀禮不小心受傷甚至削去右耳，後來軍隊才普遍採用現在軍品店到處可以買的到的安全指揮刀。

◎倒旗禮

此一禮與撇刀禮使用之場合類似，多在受校或閱兵時，目前在運動會上以及大型慶典上也可見一些機關團體配有代表自己的團旗，其禮與軍旗之倒旗禮相同。

倒旗時旗手也是行注目禮，待受禮者即將到達時將旗杆倒下約四十五度，代表向受禮者致敬，待受禮者離去後再收旗恢復原來的動作。

　　筆者曾經於服役時被選拔為憲兵司令部掌旗官，參加國慶大典之閱兵，僅僅一個簡單的倒旗動作，反反覆覆不知練了多少遍，務必做到旗子倒下時不使其搭疊於旗杆上，又必須讓旗子在一瞬間完全展開。如果旗子面積小較容易，但若是大面積的旗子就必須使用旋轉旗杆的技巧，使旗子在倒下的剎那完全展開。

　　閱兵的那一天，雖然天空飄雨，但是我仍然順利的在那一秒鐘使憲兵旗完全展開，表達了對元首之敬意，如今憶起此事仍倍感光榮。

※倒旗禮必須注意
　　國旗永遠不向任何人敬禮，所以永遠也不會見到倒國旗敬禮之情形。

◎一般敬禮
　　工商社會中人與人來往頻繁，向人敬禮與答禮之機會可謂是經常有之，現將常見之敬答禮分述於後。

◎注目禮
　　這是最簡單與常見之禮，使用之時機為升旗時向國旗或團旗行注目禮。重要人物進入會場時，如總統或國王等，司儀多會請與會者起立鼓掌並行注目禮。其他於法院之法庭內於法官進場時也會要求所有人起立，待法官就座後各人才復坐。其他於大型會議於主席入場時，或公司會議於董事長入席時，各人均宜起立注目表達敬意才為得體。

軍禮與文禮之混淆

有一次我應邀前往某地方法院參觀，當法官進場時由一著制服之法警發號施令，令所有在場者起立，然後轉身向身著法官服的法官行舉手禮，禮畢後再著令在場者坐下，但沒想到法官居然也以舉手禮來答禮，我驚訝之餘也不免感嘆國人對軍禮與文化之混淆了。

事後我利用機會，委婉的告訴該法官，文職不宜以舉手之軍禮來答禮，但她疑惑的問道：「那為何該法警就可以行舉手禮？」我才又解釋，法警與軍人同，只要身著制服，一律可以行軍禮，一般人以點頭答禮就足夠。

◎點頭禮

這也是一種非常簡單的敬答禮方式，其適用時機如在街上遇見友人時，不想與其寒暄則用點頭表示表示即可，或是與友人同行者並不相識，則也可以以點頭表示即可。

此外集會時重要人物進場，群眾起立敬禮時，其人也多會以點頭答禮之。當然在一般場所向重要人物打招呼時，或是男士向女士致意時，其人多也會以點頭示意即可。

◎鞠躬禮

歐美國家鮮見，在日本則常見，我國則以前常見，現在少見。歐美人鞠躬，除非受禮者是國王、皇后等皇室要員，一般只是立正上稍為向前

傾斜約十五度左右，隨即恢復正常，可見之場合為向總統呈國書，或覲見首相等地位極高者才用此方式。當然在正式舞會之場合當男士向女士邀舞時也常見此一禮節。

日本人則可以說是全世界最會鞠躬的民族了，見面要鞠躬，分手要鞠躬，而且還是互相鞠躬，一鞠好幾個，而且是互相比賽似的看誰的腰彎的低，據說日本人之鞠躬也分為對長輩、平輩、晚輩等有所不同，原則是對方輩份愈高、地位高，則腰是彎的愈低，至於面對客戶時當然採最高規格的鞠躬了。

我國以前也流行鞠躬，學生遇見老師，晚輩遇見長輩，低階文職遇上高階者，多要鞠躬表示敬意，否則失禮。但是不知從那一年開始，突然大家都不鞠躬了，現在只有在某些場合，如喪禮、集會等，才有鞠躬等之事發生，不過我國鞠躬的角度較歐美等來的深，但又不及日本，可以說是中庸之道吧！

另外，國外即使行鞠躬禮也不過鞠一次而以，從來沒有人鞠三鞠躬的。據說曾經有過外國代表團來台參觀中正紀念堂，在司儀指令下一鞠躬就轉身走人的尷尬場面，當司儀唱聲再鞠躬時現場只有儀隊及司儀本人了。

◎脫帽禮

在我國除了軍警人員外，一般百姓較少有戴帽子的習慣，所以對帽子的相關禮儀也就所知有限了。但是在歐美等國家，帽子被視為服裝的一

部份，故其禮儀也較多，如帽子種類繁多，在不同的場合也有不同的服裝以及帽子來搭配，否則一定會遭人議論，視其爲無禮。

　一般而言，如果有戴帽子，在下列場合一定要脫帽，如在教堂、劇院內、餐廳內、一般室內。但是在公共場所之室內如百貨公司、商店內、車站、機場等即可戴帽無妨。

另外在下列情形必須脫帽表達敬意：

◎被人介紹他人互相認識時。

◎升旗時或集會唱國歌時。

◎路上遇見送葬隊伍時。

◎與輩份或階級較高之人談話時。

◎與女士見面及談話時。

　無論室內或戶外，女性永遠無須脫帽，其原因似不可考，可能是帽子爲女性服裝之一部份，不斷戴帽脫帽似乎不太雅觀吧！

◎舉帽禮

　這種禮國人也十分陌生，此禮爲脫帽禮之變體，其敬禮之程度較脫帽禮爲輕，其使用時機爲：

◎有人向你致謝時可以點帽或舉帽答禮。

◎向人致歉時，可配Excuse me!一起用。

◎簡短談話結束欲離去時，可以此向對方致意。

◎在路上偶遇友人偕伴但並不認識時,可以略為向對方致意。

　　舉帽禮之方式為,略為將帽子舉離頭部隨即復帽。更簡單的代替方式就是用點帽禮了。點帽禮之方式是用右手食指指尖輕觸帽簷即可,其動作與舉手禮十分相似。

◎扶胸禮

　　又稱扶手禮。這是西方世界文人之最敬禮,受用於校閱部隊向國旗致敬,向忠烈祠陣亡將士致敬等,代表個人最高之敬意。

　　其方式為右手脫帽,將帽頂朝外然後貼於左胸心臟附近,禮成後方才復帽,如果沒有戴帽可以手掌代替之,將右手掌置於左胸部份即可。至於女性由於不用脫帽,所以在重要場合可以以扶手禮表敬意,但是由於女性胸部不宜以手掌置其上,可能予人不當聯想,因此女性行扶手禮時可以將手掌位置略低一些。

◎吻禮

　　吻禮據說起源於羅馬帝國時代,當時社會流行飲酒,丈夫出外工返家時,先會聞一下妻子之口,看看其是否有偷喝家中之酒。久而久之就變成丈夫返家時,妻子會以吻來歡迎,因此而成了吻禮。

　　在中東、南歐等國家目前仍盛吻禮,不過只是吻臉頰,有吻單頰,也有吻雙頰,也有吻完雙頰再面對面空吻的,不但女性互吻,男士間也行吻頰禮,男士與女士間也一樣互相行吻禮。

　　吻時互相擁抱，多以右頰互貼，口中發出吻之聲音（也有不發出聲音的），同時可以雙手輕拍對方之背部表示熱誠。一般而言，如果是一男一女時，如果女方未先作表示，則不可冒然以吻禮強將於女性，否則顯得唐突。

◎合十禮

　　在印度教及佛教地區，百姓多會以雙手合十之敬禮方式來表達人與人之間之交流，施合十禮時必須雙手合掌於身體正前方，指尖朝上，原則上合十禮對平輩是將雙手置於胸前；對晚輩則可稍低；於長或是僧侶等則必須與頭部同高以示敬意，行禮時雙眼必須注視對方口中並出問候語如：Namaste！才是。

 Tip 強吻也算國際禮儀？

　　日前報載有一名男士在便利商店購物時，竟然趁四下無人時強行擁吻女店員兩分鐘之久，女店員一怒告到法院，沒想到最後法官竟然判決：吻禮是國際禮儀之一種，因此該男子於此並不違法。

　　消息一出立刻引起熱烈討論，不少人認為，如此就可以在任何地方想吻誰就吻誰了嗎？如果該法官之妻子女兒等也被其他陌生男子如此「國際禮儀」一番，不知他心中作何感想？

　　事實上該事件完全與國際禮儀無關，因為：

1. 吻禮指的是吻頰，吻手之類短暫、禮貌性的吻，而不是擁抱兩分鐘，口對口的法式熱吻。
2. 吻禮應由女性主動表示，男性方才可以被動配合以免失禮。
3. 雙方並不認識，且未經他人介紹，因此場合，情形均不符合吻禮之基本要求。

　　希望下次法官在判決類似案件時，萬不可閉門造車，自以為是，否則此類笑話將層出不止。

國旗的禮儀

我們從小被教育愛護國旗，因為國旗代表國家，應獲得所有國民一致之敬愛與尊重，只要有國旗出現的場合禮應表現出莊重與自制。以下是一些與國旗有關之事情。

升降旗

在國內外遇見升降旗時必須適度加以尊重，無論是本國或外國國旗。在比較近的距離或是在大型集會、慶典有升降旗儀式時，一般須起立、肅靜，對國旗行注目禮，軍警人員可行軍禮。如有配樂或是樂隊演奏國歌時也不妨跟著唱國歌。唱國歌時不可擅自變調、過快過慢均為不妥。

國旗應保持乾淨、完整、顏色鮮艷、表面平整、否則應立即更換或整理。繩索也應固定牢靠，以免鬆脫變成降半旗。

降半旗

遇有國殤、重大災難或友邦之不幸事件時，多會有降半旗表舉世同哀之意。此時應先將國旗升至旗桿頂端，然後再徐徐下降約旗桿之三分之一高處，然後固定住。降旗時也是一樣先升至旗桿頂端再開始降旗，萬不可只升至三分之二處就停止升旗或是降旗時由三分之二處逕自降旗。

愛護國旗人人有責，雖然我們無需像日本軍國主義或是納粹狂熱份子

一樣將國旗給神話了，但是尊重、愛護國旗則是每一公民之基本責任，所以如果遇有國旗掉落、破損、棄置時，均應主動處理或是通知相關人員處理。

升降旗時如演奏國歌或是國旗歌，則應配合升旗之速度，如果音樂太長則升旗速度應放慢，最好是國旗升至杆頂時也演奏完畢，但是如果兩國國旗同時升旗其中一國之配樂實在太短時，則可以權宜的再度演奏一次國歌或國旗歌以配合升旗之速度。

國旗之位置

國旗為國家最高榮譽之代表旗，所以其位置一律在最重要之位置，如與公司旗、團體旗、部隊旗、校旗同時懸掛時，一律在正中間且略高於其他旗幟。

至於與其他國旗共同懸掛時，地主國一律掛在右手邊，這是因為依國際慣例，右為尊（這一點與我國自古以來以左為尊之習慣剛巧相反），例如華僑在國外慶祝國慶日時一律在戶外右手邊掛當地國旗，左手邊才掛我國國旗，這也是國際上尊重地主國之表現方式。但是如果有外國元首來訪，地主國可以將右位讓出給來訪國之國旗以示尊重、禮遇，當然，在禮賓車頭上也可以如此懸旗的。

國際會議

　　國際會議如是地主國主辦，自然國旗可以居於其他諸國之首位，而其於參與國則依英文字母排列之順序依序排列即可。這一點無論是亞運、奧運，我們在電視實況轉播開幕閉幕式中代表入場均可看見。但是有一種情形是國際活動只是借地主國之場地舉辦時，地主國也必須入列，如同其他國家一般依照字母順序決定國旗懸掛之位置以進場順序了。

個人基本空間權

　　說到個人空間，國人似乎不太容易體會，而在歐美等國則是一不明文表示之禮儀，也是對他人之活動空間之尊重。尤其在英、德以及中北歐等諸國家地區這種人與人相處之互相尊重更是十分明顯。

　　所謂個人空間就是當人與人相處時必須保持的最近距離，也就是說當兩人在談話或是非刻意相聚一處時必須保持的最小距離，如果有一方打破了此一無形的牆，則另一方會開始不安、不自在，甚至緊張，待對方保持適當距離時，一切又恢復正常了。

　　曾經有專家以此為題對歐洲國家做過調查，發現了一些有趣的現象，也就是氣候愈冷的國家，如英國、芬蘭、德國等，所希望的個人空間權愈高，反之如法國、西班牙、義大利等則是相對的距離短了很多，其中又以義大利約五十公分為最近，這一點當我們在義大利旅行社即可發現，義大利人在聊天時彼此的確是靠的相當近的。

　　至於要求個人空間權最大的則是英國，這除了與英國寒冷的天氣，冷淡的人際關係有關連外，英人從小被教育極度重視他人隱私應有相當影響，與陌生人相遇時英人多不會主動開口攀談，即便開口也只是禮貌性之寒暄，簡短平常點到為止。因為他們深怕打擾到對方之思考與享受寧靜的權利。另外由英國人的排隊方式也可以看出端倪，無論購物或使用公共設施，英人一向自動排隊，但是他們是十分鬆散的排隊，與一些共產國家人排隊時前胸貼後臀之排隊方式大異其趣，可是雖說是鬆散，但

是每一個人都十分清楚誰是下一個，如果服務人員不清楚或是弄錯時，其他人一定會指出誰才是應該排到的下一個。

但是仍然令人驚訝的是，英國人的基本個人空間竟然需要一百五十公分，竟然是義大利人的三倍之多。

至於世界其他國家部份，美洲以加拿大最高，美國次之，中南美等國家則由於民族性的關係與南歐國家十分相似。亞洲國家以日本為最高，韓國次之，東南亞國家則與南歐及中美洲國家類似。而我國國民則屬於中度個人空間要求者，似乎也符合國人之民族性。

Part 2

You've got mail

人與人之間溝通、聯絡的方式有許多不同的選擇,電話、傳真機、E-mail都是十分方便而且有效率的,但是最具傳統的古老聯絡方式卻一直沒有失傳,而且在某些方面來說,書信之功能是無可取代的。

Chapter. You've got mail

　　還記得電影《電子情書》嗎？每當男女主角打開電子信箱時，螢幕上閃耀著you've got mail時那種興奮的表情嗎？沒錯！在電子郵件日益簡化、普及的今天，我們有愈來愈多的機會發收 E-mail了，但是有些問題也相繼產生。

書信之禮儀

　　現代世界裡，人與人之間溝通、聯絡的方式有許多選擇，電話、傳真機、E-mail都是十分方便而且有效率的，但是最具傳統的古老聯絡方式卻一直沒有失傳，而且在某些方面來說，書信之功能是無可取代的。

　　任何人接到一封高雅大方的來信時，一定會迫不及待地打開它，如果信紙也和信封同一色調，並且一樣高雅大方，豈不是一件賞心悅目的事嗎？如果信的字裡行間表達出寄信者的誠懇告白與真心祝福，更會是一件溫馨的珍貴禮物，讓人心情自然為之溫暖好幾天，甚至在很久以後的某一天，當你偶爾重新展信閱讀時，會更加的有感覺、有意思呢！

　　此外在正式交際與商業的來往當中，書信更扮演了一個正式與不可或缺的角色，畢竟口語的告知與傳真都只是輔助性的方式，因為接收訊息的人會有被忽視的感覺。

以下是書信來往時必須注意的事項，至於書信的內容與寫作方式則不在本章討論的範圍，應當去參考英文寫作書信大全之類的參考書籍。

一、高雅大方的信封、信紙

選擇高雅大方的信封、信紙，並能與自己名片的色調相搭配則更佳。信套的紙質、印刷、式樣都必須加以考慮，至於顏色方面則多以淺色調為主。有些比較講究的人或公司喜歡燙上名字的縮寫，有些則喜歡滾上花邊，端視各人之喜好而定，畢竟，信函可以代表一個人的特色。

二、信紙的紙質與顏色

信紙的紙質與顏色必須與信封一致，絕不能用一張灰色的信封裡面夾了一張米黃色的信紙吧？其實正如服裝一般，書信之配件也以整套搭配較合宜大方，感覺上也較有品味。

三、封口

我們經常會犯一個錯誤，就是在信件投郵前會把封口用膠水完全封死，這是不對的，因為如此一來拆信刀將無法發揮拆信的功能了。所以必須在信封的一端或是兩端留下足夠的空間以利拆信，否則收信者還得再去找一把剪刀才可以如願。如果你真的找不到封口膠水，那就直接把信封的摺頁摺進信封內代替吧！

四、姓名與地址

　　收件人與寄件人的姓名、地址、公司全名、部門等都必須書寫清楚，一方面讓轉交者可順利交給收信者，而收到信的人立刻就會知道是誰寄來的，而如果地址錯誤或收信人無法收信時，郵差也可據此退回原信。

五、稱呼

　　信封上的稱呼僅以先生、小姐、女士等，尊稱一般是不寫在信封上面而是寫在信紙上的，因爲信封是經由無關的第三者（郵差）送達，他可不必知道你是董事長還是大教授，但是如果信函由專人送達如卡片等，則可直書尊稱無妨。

六、開頭稱呼

　　私人信件可以直稱 Dear Jack 等，然後在第二行再開始寫內容。

　　正式信函則必須以對方之全銜稱之，如：Dear Dr. Michael Chang，其後一般並無任何標點符號，然後也是一樣由第二行開始陳述內容（請參考各種信函範例）。

七、親自簽名

在信結尾時必須親自簽名，表示重視。只有促銷信、廣告函等才是用印刷的名字。簽名可以簽自己的全名，或只簽名字，姓用大寫縮寫字母代替即可，如 Michael Chang 可以簽成 Michael C.。

八、筆及墨水

書寫用的筆及墨水也須注意。

墨水以黑色、深藍色為主，可別用一些奇奇怪怪的顏色顯得不太莊重。筆也以書寫流暢、墨流均勻為佳，當然字跡可以有自己的個性，但以可以辨識為原則，如果沒有把握的話，信用打字的也是滿好的，整齊、乾淨，只是最後的簽名還是必須本人親簽。

九、簽名之重要

簽名不但是個人個性的表達，同時也代表一個人的認同、認可，所以最好練就一個漂亮的簽名，但是一個就夠了。在西方國家簽名就代表印鑑，不論是支票、文件、合約等，都是用簽名的方式產生效力。即使重要到國書、和談、條約等，也都是由雙方代表簽名即生效。

我國自古以來均是以印鑑為認證方式，所以國人不太了解簽名的重要性，所以常有護照、簽證等簽名會假他人之手為之產生許多糾紛與困擾，甚至有人認為，簽名嘛，今天簽成如此，明天簽成那般，同一個人

卻有多種不同版本的簽名，如果把這種觀念帶到國外去，不但造成他人的困擾，而且可能會延禍上身而不明其因。

所以只要是簽名，一定要謹慎小心。任何事弄不清楚之前千萬不要簽名，切記！簽名，不只是簽一個名字而已。

十、隨附名片

信封內常有隨附之名片，名片應只是放進信封內，正面朝上即可。最好不要用迴紋針固定在信紙上，以免卡片上留下壓痕不太好看。至於在國內經常看到把自己名片用訂書針訂在信紙上的做法，更是一大笑話。

十一、寫信的時機

舉凡求職、抱怨、致歉、祝賀、詢問、致謝、商談、邀請等，無一不可用寫信來表達。當然，私人之間的問候、敘舊、抒情、婚喪事件等也均可入信，其代表之情意可能會讓受信者的感覺更深刻、更難忘懷。現僅舉下列諸項討論之：

☆恭賀信

在獲知對方之喜事時，應立即表達祝賀之意，祝賀之事情須言明，如升遷、得獎、取得執照等，讓對方知道你與他一樣的歡欣，同享喜悅，並表示眾人皆知：他的如此殊榮是如何地得之不易與實至名歸等等。

另外如在英文祝賀用語方面也盡量以複數為誠意之表達，如Congratulations、Thanks、Pleasures……均是同一道理，否則讀信者心中會十分困惑與不快。

☆安慰及弔唁信

當他人發生不幸，如車禍、喪事、重病等，也應藉此表達個人的關懷與鼓勵，以讓對方了解你亦有同悲之心，藉以提供他人精神上的慰藉。

如果是發生了喪事，不論事情過了多久，去信慰問是永不嫌遲的，表示逝者將會永留心中，正如其在其家屬心中一般，並與其家人一起追念其在世時之歡樂時光。

☆致謝信

收到某人的禮物、接到某人的邀請等，均必須以致謝信函表達謝意。

信中應言明對方餽贈的禮物是如何地受到你的喜愛，真是一件非常棒的禮物等，以免送禮者可能早已忘了他送你的是什麼禮物了。

受邀參加聚會者則可言明聚會是如何成功，讓你認識了許多好朋友，宴會的菜餚、飲料是多麼可口等等，記住只要避免言之無物即可。

☆邀請函

公司行號週年慶、產品得獎、認證成功、節慶同賀、婚禮、畢業典禮、彌月之喜都可以廣發邀請函。

信函上全用第三人稱以示正式，如某某先生、夫人，邀請某某先生、

夫人等，信上必須清楚註明聚會的起訖時間、地點、服裝、是否回覆（RSVP）等。

 各種信函範例

恭喜信函（Congratulation Letter）

Global Trotter Club.	1 August 2005
Mr. C. L. Chu, General Manager,	
No.20, Chang-Chun Road, Taipei City.	

Dear Mr. Chu,

I would like to congratulate your club on being honored by the Taipei Travel Association as one of the best three travel clubs in Taiwan.

For years, both tourists in-bound and out-bound here have showered praises upon the cordial services of your club. It is indeed gratifying to learn that these have been appropriately rewarded.

Once again, on behalf of all the staff of our company, I extend to you our congratulations.

Yours sincerely, C.L.Chen

感謝信函（Thank-you Letter）

Global Trotter Club.　　　　　　　　　　　　　1 August 2005

Mr. C. L. Chu, General Manager,

No.20, Chang-Chun Road, Taipei City.

Dear Mr. Chu,

I wish to thank your club for your enthusiastic support of the Taipei Travel Fair 2000 Association.

As you have probably learned from the media, the Fair has proved to be a great success in that people from different countries participated in the various activities. The carnival, in particular, brought much delight to the people as they could learn lots of travel information and acknowledgement.

Again, on behalf of the Taipei Travel Fair 2000 Association, I would like to express our warm thanks to you. I also hope that in further, you will continue to support functions organized by our Association .

Yours sincerely, T.L.Chang

Secretary of the Taipei Travel Fair 2000 Association

邀請信函（Invitation Letter）

Global Trotter Club.	1 August 2005

Mr. C. L. Chu, General Manager,

No.20, Chang-Chun Road, Taipei City.

Dear Mr. Chu,

You are cordially invited to a banquet to be held at 7:00 p.m. on 10 September 2000 in our restaurant celebrating our 10th anniversary.

Thanks to the support of our dear friends from every corner of the world over these years, we have been able to make a name, both locally and abroad. As this year also marks the 10th anniversary of our restaurant, so, we are going to hold a banquet on 10 September 2000 to celebrate this memorable year.

Of course, we would like to share our joys with our dear friends whose presence will indeed grace our banquet. Highlights of the evening include entertainments by famous rock-and-roll band of Taipei City and a lucky draw.

We look forward to seeing you.

Yours sincerely, M.L.Lee

General Manager of Happy Hours Restaurant

邀請卡（Invitation Card）

The General Manager, M. L. Lee, and Staff of Happy Hours Restaurant
Requests the Pleasure of Your Company
at the 10th Anniversary Banquet
at 7:00 p.m. on 10 September 2000
in their restaurant

RSVP（regrets only）
Miss Mary Lee
Tel: 02-27121771

有不少國人會忽略RSVP這一項，這不但不禮貌而且會造成主人無法算準客人人數的困擾，如果你很不巧剛好成為第十三人時，那就更尷尬了。

十二、投郵

　　郵票應貼足金額，以免收件人收到欠資郵件，未拆信即已產生不好的印象，讓你的美意大打折扣，不可不慎。

　　郵票黏貼的位置也以西式信封貼於寄件人左下方為妥，正式信件不要用太過花俏奇異的郵票，以免突兀，郵票也不可以斜貼、倒貼，甚至貼到信封的背面去。如果知道對方有集郵的嗜好，則可以寄一些特別的郵票給他，以顯示你細心的一面。

鋼筆的由來　　　　Knowledge

　　瓦特曼先生興高采烈的雙手遞給他的客戶一枝自來水筆，以讓客戶在巨額的保單上簽字，不料正要簽字時異水突然大量湧出，以致污染了文件，就在瓦特曼先生忽忙返回公司換一份新的合約時，另一家的保險經紀人趁虛而入搶走了這筆生意，他深感失望，從此立志發明一種方便又能控制的自來水筆。

　　他拆開了許多筆，研究控制墨水流量的方式，最後終於利用液體毛細作用，以一條硬橡膠來連結筆尖與墨水槽，中間鑽了一條細小的通道以便墨水流出，由於通道狹窄所以只有在筆尖在紙上寫字受到壓力時墨水才會由槽內緩緩流出。但是筆雖好用，可是每次加墨水時都要用滴眼藥水的方式慢慢把墨水滴入槽中，十分不便。但在他發明以有彈性的橡膠墨水槽取代後問題得以解決。

　　現代筆的起源甚早，由希臘、埃及人使用的蘆葦筆，到羅馬人使用的羽毛筆，一直到瓦特曼先生發明的鋼筆為止已有好幾千年的歷史，但是事實上直到鋼筆發明後人類才得以有效的控制書寫的工具。

　　下一次當你去法國巴黎旅行時，不妨在文具店購買一枝鋼筆，當做紀念不過一定要指名瓦特曼Waterman牌子的，因為這才是世界上第一枝鋼筆發明者的牌子。

卡片之禮儀

　　走進書店內，我們可以看見展示著各式各樣琳瑯滿目的卡片，不但印刷精美、賞心悅目，而且創意十足，可以說是足夠應付各種場合之用且非常方便。以下是我們常會用到的卡片以及使用它們的注意事項：

一、謝卡

　　每當友人幫了你一些小忙、送了你禮物，或是請你參加了剛舉辦的宴會，讓你有一種想要表達謝意的時候，謝卡都可以派上用場，其用途可以說是極為廣泛。使用謝卡時首先必須要即時，以免隔了太久再致謝反而讓人覺得很奇怪。其次要說明你為何感謝收件人，最後再次表達個人誠摯的謝意並期待日後再相聚等。用詞以誠懇、簡短為原則，不宜長篇大論，除了卡片上印好的文句外，也可以再加上自己認為更得體的詞句以示真心感激，最後再親筆簽名後付郵。

二、致歉卡

　　與致歉函之用意相同，但是比較沒那麼正式，有時不小心說錯了話，或做錯了一些不太應該的事時，致歉卡就可以發揮功能了，收件人看見卡片多半會前嫌盡釋，甚至友誼更加穩固呢！

三、生日卡

西洋人非常重視自己的生日，也希望自己的親朋好友能記住並為自己慶祝。

壽星在慶生時會收到許多禮物，有些是自己期待的，有些是屬捉弄人的，常會讓人啼笑皆非。而在生日時展讀親朋好友的生日卡，則又是另一件溫馨愉悅的事了。

一般寄生日卡必須在收件人生日之前一週至數天前寄達，當然，如果經常見面者可以和禮物一起親自交到壽星的手中，要知道主角在拆禮物時與讀生日卡時，是一樣洋溢著興奮和幸福的，如果你無法兩樣東西都送，至少寄張卡片表達你的心意。

四、慰問卡

用途也是滿多的，例如探病、親友去世、寵物死亡、失戀、工作不順利、心情低落時，都可以這種方式給予他人極大的精神安慰，且可以在不用和人見面或通話的情況下，表達自己誠懇的關懷，小小的一張卡片說不定可以讓不幸的朋友重新振作起來，正是你展現友誼的最佳時機。

五、聖誕卡

可以說是大家最熟稔的卡片了，如果一個人在聖誕節時沒有收到什麼聖誕卡的話，就證明他的人際關係是如何可憐了！

寄卡時一般多以家庭為單位，公司行號則以最高主管為代表，如果人數不太多的話，則可以所有人一起簽名表示眾人的祝福。

至於卡片則由於年年都要寄，所以不妨別出心裁，讓收件人為之驚喜，祝福的話語也以俏皮有趣為佳，此時正是表現個人創意的大好機會，但是必須注意的是，寄給女性或是長輩的卡片不可以太隨便，例如有性暗示者就不太妥當了。

聖誕卡由於數量太大，所以在國外郵寄時必須盡早寄，最好提早在十二月初時即寄出，否則聖誕節過了一、兩週才寄達，就失去意義了。

送禮之禮儀

　　有人說：「送禮是一門學問」，的確，送的禮物太輕、太重都不好，送的禮物重複或收禮的並不需要則又失之浪費。有些禮物選得不好或質地欠佳，則讓人懷疑你的品味以及誠意，所以有時光是在選擇送何種禮物上，就必須左思右想、仔細考慮，以免犯了以上的錯誤，讓自己的一番心意反而得到了反效果，那才眞是得不償失呢。

　　送禮的時機也是必須注意的，一般來說，送禮的目的不同則所送的禮物就大不相同，以下是適合送禮的各種情況：

一、婚禮的禮物

　　婚姻乃人生大事，所以無論中外都非常重視，就算新人及雙方家庭經濟不是十分富裕，也必須想盡辦法甚至於借貸，以便風風光光地完成終身大事。

　　國人多以金錢當做賀禮，簡單、實用，又可爲新人立即提供一筆資金，所以無論是去渡蜜月或是付房屋頭期款均十分好用。但在西方國家就不太一樣了，絕大部分的人均是贈送禮品的。

　　他們多會在結婚典禮之前，以專人（購買禮物的商店均會有遞送服務）或是用郵寄的方式，把禮物寄到新人的手中，而新人也會在婚禮的當天把所有的禮物放置在一起，然後由新娘當著衆人的面逐一拆封示

● 聖誕卡趣談　　Knowledge

　　每當十二月來臨時，我們多會收到一些印製精美、五花八門的聖誕卡片，卡片代表了關懷也代表了情意，可以說是一種令人溫馨的禮物。而聖誕節雖已有一千多年的歷史，聖誕卡卻只有短短的一百多年的歷史，這是很多人不知道的。

　　公元一八四三年，英國有一位叫亨利的年輕人，他的工作是在一家雕刻店當學徒。由於平日工作十分忙碌，所以雖然聖誕節即將來臨卻撥不出時間來寫信祝福諸親友。有一天，他忽然靈機一動，他想如果請一位畫家畫一張歡度聖誕節的圖案，再將畫製版來印刷，不是十分有趣又方便嗎？

　　那是一張闔家團圓共度聖誕的溫馨畫面，他立刻印了一千張，其中一百張分寄各親友，其餘九百張以每張一先令出售，結果大受歡迎，所有卡片一下子就銷售一空，人們欣喜地互相傳閱這種前所未見的問候方式，從此以後，聖誕卡正式面世了。

　　目前世界上每年寄出聖誕卡最多的是美國，每年要寄二十億張以上，平均每個家庭最少寄六十張。全美所有的郵局由十一月起，就要日夜加班來處理這些堆積如山的卡片。

　　全世界最大的卡片是一九二四年美國總統柯立芝所收藏的那張，寬度可達八十公分長；至於最小的聖誕卡則是用半顆白米所繪成，那是一九二九年一家鋼筆公司送給溫莎公爵的禮物，沒錯，就是那一位「不愛江山愛美人」的英國國王！

眾，除了讓大家欣賞彼此所贈之禮物外，也讀唸隨附之祝賀卡片，溫馨有趣、賓主同樂。但是如果有人送的是一張支票的話，則一般都不會與其他禮物放在一起，而是直接交到新人手中，而新娘在宣佈禮物時只會說是支票一張，至於金額，原則上是不當眾宣佈的。

為了避免禮物用不著時，或是避免有人送了重複的禮物，有些新人會列出一張他們所需物品的清單，由親朋好友自己認捐，若有人仍然重複時，則以那位賓客住家之遠近來判定，住得遠的親友比較不方便，更換不易，所以住在附近的那一位將被委婉告知：可否更換禮物？另外也可以年齡來區分，畢竟長輩是有優先權的，年輕人就多跑一趟囉！

多以居家有關的用品為主，如：烤箱、果汁機、寢具、浴室用品……等，當然也有以支票或是禮券等代替的。在美國新娘子的女性密友會為她先舉辦一場 Bridal Shower，在懷孕後生產前再舉行一場 Baby Shower，均為小型聚會，除了互相傳授一些女性之間的祕密

▲虔誠禮佛國度之婚禮，圖為緬甸之百姓婚禮的情形。

外，每人均會攜帶一件相關的禮物，如與新娘子有關的睡衣、鑲嵌寶石的鏡子……等，以及嬰兒衣服、嬰兒用品等，以對即將為人婦、為人母之暱友做最誠懇衷心的祝福。

新人在收到禮物後應立即以謝卡致謝，就算親友送的禮物他們不是太用得上，也會在卡片上言明所送之禮物正是他們所迫切需要的，萬分感謝之類，至於遠地寄來禮物的人也會在三個月內收到新人的謝卡。

二、聖誕節的禮物

西洋聖誕節之慶祝觀念早已根深柢固，什麼節都可以不過，但生日和聖誕節則是不可免俗的。聖誕節是一個感恩與團圓的日子，全家人都應該共處一室，感謝上帝讓一年又平安過去，家人互祝健康快樂之外，也會互相交換禮物，這是絕對不可或缺的，所以在耶誕節的聚會上就必須事先了解清楚總共會有多少人數，以免產生有人無法交換禮物的窘境。

聖誕禮物之選擇為一件大事，因為每年都有聖誕節，每年也都得交換禮物（就連夫婦之間亦同，還記得歐亨利短篇小說《聖誕禮物》的感人故事嗎？），所以早在節日來臨以前，大家都會挖空心思地去尋找禮物，以期盼給對方一個意外的驚喜。

可以說是琳琅滿目種類繁多，但是大都脫離不了文具、圍巾、運動用品、裝飾品、書籍等實用又討好的物品，但是儘管如此小心翼翼，仍然常有弄巧成拙的事發生。有一部電影裡就曾描述當一位母親打開禮物發

現是一支漂亮的鍋鏟時，當場就哭了起來，她覺得一年辛苦地在廚房中操勞，沒想到聖誕禮物居然仍與廚房脫不了關係，弄得她的家人手足無措、尷尬不已。

三、其他應注意事項

☆聚會的禮物

不論是何種聚會，帶一盒糖果、巧克力或是一束鮮花等，都是不錯的小禮物，近年來帶酒赴會也愈來愈流行，所以不妨攜帶一瓶中等價位的葡萄酒前往，當然你帶的酒不一定會派上用場的，主人原則上都會準備足夠的食物及飲料。還有些人，尤其是女性，喜歡帶食物前往，食物也是不錯的選擇，但是如果與其他的菜餚無法搭配的話怎麼辦呢？所以若沒有十足的把握，最好事先打個電話問一下比較保險。

☆慰問之禮物

前往探視病中之友人，多以鮮花相贈，希望藉著花的芳香與令人喜悅的色彩，讓沮喪的病人心情能變得好一些。但是要先了解醫院或病房是否有禁止的規定，有時某些可能引起過敏的鮮花是不准攜入的。如此，則不妨送一些水果，或者鮮花、水果已經太多了，送他一本很棒的書，藉以消遣無聊的日子，也是很不錯的禮物，當然一張措辭幽默的卡片或是誠心祝福的短箋，其意義是絕對不輸給任何一種禮物的。

☆禮物之退還

　　禮物既然可以收，當然也可以退。接受禮物等於接受他人之祝福，而當祝福的原因消失時，如婚禮取消等，禮物自然應該還給贈與者。

　　可以退還之禮物以金錢和沒有專屬性的禮物為原則，如果說收到的是一條已經繡了受贈者姓名縮寫的大浴巾，就無法退還了。男女朋友互贈之項鍊、手錶、戒指等，一樣會在分手時還給對方，表示雙方感情已經難再續，頗有「還君明珠」的味道。

☆小禮物

　　為了聊表謝意，或只是增進友誼，表達初次見面的友善等，均不妨送些小禮物。所謂小禮物，望文生義，禮物體積一般都不怎麼大，價格也不太高，如我國的小宮燈、國劇臉譜小模型等都受到外國朋友極大的歡迎。精美的鑰匙圈、名片匣、書籤、墨水筆等小巧精緻的小禮物也頗受喜愛，隨身帶一些保證妙用無窮。遇到相處融洽的旅友、民宿的主人，邀你聚會的朋友等，均可以惠而不費地讓對方感受你的謝意與感激。

　　小禮物不一定必須用金錢購買，我認識的一位自助旅遊玩家，就是在一小塊、一小塊宣紙上書寫《唐詩三百首》之詩句來饋贈海外異國友人，在贈送時還可當面解釋詩的含義，一方面加深他人的印象，一方面提高自己的格調，一舉數得，何樂不為？想想看，是否有什麼其他新的創意呢？

行動電話、傳真及E-mail

一、行動電話

由於話機費用以及通話費大幅降低，行動電話近幾年可說是異軍突起，其功能也隨相關科技之進步而更加擴充。多家廠商競爭的結果，造成了街頭巷尾幾乎人手一支，每一個公共場所都可見到群眾呆立傻笑、互相通話的景象。以下是使用行動電話時的注意事項：

☆密閉空間

在電梯內、車廂中、餐廳內，由於聲音容易擴散至在場的每一個角落，所以除非必要，盡量不要主動打電話出去與人談笑閒聊，否則其他人的耳朵可就要倒楣了，不得不被迫聽你個人的私事與評論。如果是他人打進來時，也應長話短說，必須盡量壓低音量，讓干擾減至最低，其他人心中一定會肯定你的禮貌的。

☆收訊不清時

在都會中常會有收訊之死角，導致收訊不良或是通訊中斷，若遇此情形可以先行切斷，待會兒再繼續連絡。不可大聲呼叫：「喂！喂！我聽不清楚，喂喂？」如此粗魯的通話方式足以令其他人對你的基本教養產生懷疑。

☆上課中、演講會、音樂會、電影院等場合

在上述這些場合，於坐定後先立即暫時關機，或者改為振動式來電通知。若有來電時，應迅速離開現場，再開始與對方通話，一切動作以不影響在場之台上、台下所有人員為原則。

☆語音信箱

若去電時對方不能接電話或收不到訊息時，電話會自動轉至語音信箱內，禮貌上此時應盡量留下訊息，否則會讓對方猜個半天，到底是誰來電？會不會有什麼事情呢？這種心情就好像一名沐浴中的人聽到客廳電話鈴聲響，匆匆從浴室中衝出，電話鈴聲卻剛好停止了是同樣的，我們宜將心比心體會之。留言時以簡單扼要為原則，姓名、電話號碼、來電時間均不可遺漏。其中最容易被人漏留的就是時間，如此當對方欲回電話也不知你已來電多久，所以如果是比較重要的電話，務必留下時間。

☆國際漫遊

在國外旅遊時常可見日本女孩人手一支行動電話，待其國內親友去電時，可以隨時對話，又可以炫耀自己正身在巴黎、倫敦、威尼斯。風光歸風光，但是可別忘記不少國際漫遊是得雙方付費的，也就是打電話與接電話的人雙方都必須支付國際電話費，所以若有事情需要通知時，應盡量長話短說，真的說不完整時，可以用電話卡打回國內，其費用會省許多。每一家通訊公司的規定不一，最好在出國之前先詢問清楚會比較妥當。

二、傳真機

　　若傳真機是辦公室的公共財產，私人事情最好不要使用，因為傳真紙、電費、碳粉、機器耗損等均是附加成本；沒有任何公司會喜歡員工使用傳真機辦私人事情的。

☆無法保密

　　任何剛好經過傳真機旁邊的人都可以輕易窺得傳真紙上的內容，所以可以說完全無法保密，因此若有任何較私密之事，最好別用傳真傳達，除非你想讓事件變成「公開的祕密」。

☆頁數

　　正式之傳真必須有首頁，其上註明傳送者與接收者雙方之公司名稱、人員姓名、日期、總頁數等，如此接收者可以一目瞭然。如果不是非常正式者，也必須以三之一、三之二、三之三等方式，讓接收者一看就知道傳真總共有三頁，如果其中某一張不清楚或是未收到時，則可以請對方再次傳來，省了雙方不少比對的時間。

☆信件

　　傳真信件時必須用寫信的禮貌為之，如稱呼、簽字、敬語等均不可缺少，尤其是信尾簽字常被忽略，這是不太禮貌的，因為簽字才代表這封信件是發信者知道且同意才發出去的，否則任何人都可以輕易冒名擅發信件了。

☆信紙顏色

最好使用白色或是淺色傳眞紙，有些人喜歡用深色信紙或是信紙上有黑色或深色之寬條紋等。如此在傳眞時不但會耗去更多的掃瞄時間，浪費更多的金錢，也勢必佔用雙方的傳眞機更久的使用時間，就算傳眞費是你個人付的，但是時間可是大家的。

三、電子郵件（E-mail）

還記得電影《電子情書》嗎？每當男女主角打開電子信箱時，螢幕上閃耀著you've got mail時那種興奮的表情嗎？沒錯！在電子郵件日益簡化、普及的今天，我們有愈來愈多的機會發收 E-mail了，但是有些問題也相繼產生。

送信前務必用掃毒程式掃毒，以免不小心把毒信寄給親友，對方是不太容易原諒你的，要是沒有把握時，不妨用貼文的方式代替附加檔案。

來歷不明的信件必須謹愼處理，若不確定則最好刪除以防萬一，因為就算先用掃毒程式掃瞄也不見得掃得出來，畢竟病毒是日新月異，而且包裝精細，掃毒程式不見得跟得上它們的腳步。

轉寄不確定的信給他人時也宜小心過濾，否則一片善意卻換來厭恨。

寄來的垃圾信是不道德的，盡量不要閱讀，也不要向其消費，以免落得為虎作倀。

多址同步傳遞（以同一封信傳給不同的朋友時），請依祕密副件方

式傳遞之，如此接信的人只會看見信的內容，而不會知道其他收件人是誰，他們的電子信箱又是什麼代號等，有心人是十分容易複製副件收信人加以利用的。

寄件時最好註明主旨，以便讓收信者一看就知道來信的要旨。

雖然是電子郵件，但是寫信的內容與格式應與平常信一樣，稱呼、敬語不可少，簽名則僅以打字代替即可。由於不是電報，所以也不宜使用簡略字節省時間，如用4代替 For；以 u 代替 you，以 n 代替 and等，這些習慣是以前使用電報時由於其計費是用字數計算，字數愈少費用愈低，才被發明出來省時省錢的，現在則無此需要，否則收信者會覺得對方是一個奇怪的人，省來省去，所為何來呢？

常用文法縮寫

　　在社交文書上，經常使用法文之縮寫來表達某些特定之意義，正如我們中國使用鑒、祈、謹以及其他祝賀、致哀、感謝等之正式用詞一般，至於爲何多使用法文縮寫而不使用英文呢？這是因爲法文本身之特性，即一個字絕大多數只有一個含意，非常明確、清晰，所以以前在國際上之正式合約、公約、條約、公報等正式文書多會以法文書寫而放棄英文了。當然由於英文已是國際語文，也有人使用英文表達這些特定之意義了，但是不是用縮寫而是用完整句子表達。

　　法文縮寫一般用於名片上，原則上以鉛筆，小寫字母爲之，以下是一些常見之縮寫及其意涵。

◎敬賀(p.f.=pour felicitation)

　　有人結婚、生子、畢業、升遷、或是其他可賀可喜之事均得適用、書寫時一律寫在名片上左下角空白處。

◎感謝(p.r.=pour remercier)

　　收到別人禮物或是別人邀請聚會以反其他致謝之時機均適用。

◎祈覆(R.S.V.P.=Respondez s'il vous plait)

　　這個縮寫最爲常見，一般見於請帖上，如果看見這四個字，那就一定得回覆，因為主人正據覆函以計算參加之人數以準備飲食等物品。如

果上面僅寫英文Regret only時，則表示受邀者只有在不能出席的情形下才需要通知主人，否則主人一律視為會出席。

◎介紹(p.p.=pour presenter)

如果你介紹某人去拜訪另一人時，他可持你給他之名片上書p.p，代表是你介紹他前去拜訪的，我們中國人也有此一禮數，但是只附名片而不在其上寫p.p.，而多是在名片後面書寫一些簡單之介紹詞來說明情形。

◎弔唁(p.c.=pour condolence)

如寄名片表示對對方發生之不幸事故表達深沉哀痛之可用之。

◎辭行(p.p.c.=pour prendre conge)

一般官員使用較多，當然長住國外者也或多或少會收到類似的辭行名片的。

以上均為法文縮寫之常用者，當然，隨著英文日益之普及化及國際化，也有愈來愈多的人以英文來表達相同的意思，只是英文多用短語，很少用縮寫的，這是因為英文縮寫字太多了，如果用縮寫，對方可能要猜個老半天還猜不出到底代表什麼意思。

送花的禮儀

　　花朵使我們的生活更美好，花可說是生活最佳的潤滑劑，而送花也是近年來更為流行的交際，送親人、送朋友、送客戶……探病送、生日送、節日送、開幕送……幾乎是無所不可以送。送花已經成為現代生活中的一種禮儀，懂得在適當時機送上適宜的花，才能無往而不利。

　　英語諺語中有：「Say it with flowers！」，意思就是說表達語意時以優美之辭藻為之，以達到聞者大悅之目的。後來「Say it with flowers！」又漸漸演變成「花之語」一詞了，所謂花語也就是用花來表達涵義，一切盡在花叢中了。

　　花語源自七一四年的瑞典國王查理十二世，他根據民間傳說和花形花色等特性賦與各種花卉不同的意義。由於這種用花來表達心意的方式生動有趣，以後就廣為流傳至世界各地。不過由於各地風俗民情不同，再加上花卉種類日新月異，造成部分花語的混淆不清，像玫瑰花不同的品種都有其各自的花語。我們介紹一些常見切花的花語，但只僅供參考。

◎婚禮：適合送顏色鮮豔而富花語者佳，可增進浪漫氣氛，表示甜蜜。

◎生日：適合送色澤淡雅而富清香者為宜，表示溫暖，清新，另以玫瑰，雛菊，蘭花亦可，表示永遠祝福。

◎喬遷：適合送端莊穩重的花，如劍蘭，玫瑰，盆栽，盆景，表示隆重之意。

◎探訪病人：適合送劍蘭，玫瑰，蘭花均宜。避免送白，藍，黃色或香
　　　　　味過濃的花。

◎喪禮：適合用白玫瑰，白花或素花均可，象徵惋惜懷念之情。

　　贈花是一門藝術，因送花的目的是以花為禮、聯繫情感，增進友誼。
因此什麼時候送什麼花，什麼場合選什麼花，都需要根據情況來判斷，
因時因地因物件而精心設計。否則因考慮不周而導致誤會，反而失去饋
贈禮儀花卉的目的。

Part 3

你要去哪裡？

　　歐洲諸國與北美國家的日常
生活中，百姓的文藝活動非常頻
繁。而各式各樣的藝文活動中又
以歌劇、音樂劇、舞台劇和芭蕾
舞劇表演最受大眾歡迎。在這些
場合要怎麼穿，可是一門學問。

Chapter. 你要去哪裡？

一般來說，歌劇、音樂劇的規矩較嚴，通常是在每一景（scene）演完後才報以掌聲。因為在演出途中若是有人擊掌稱讚，一來會打斷表演之連續性，再來會影響其他現場之觀眾。但是也有例外，就是演員在唱完了某一名曲而又表現得唱作俱佳、餘音繞梁時，觀眾也會發乎至情地直接以熱烈的掌聲表達激賞。

音樂劇院及歌劇院之禮儀

　　歐洲諸國與北美國家的日常生活中，百姓的文藝活動非常頻繁。而各式各樣的藝文活動中又以歌劇、音樂劇、舞台劇和芭蕾舞劇表演最受大眾歡迎。有些戲劇由於深受喜愛，一演就是好幾年，甚至好幾十年，不但觀眾不斷更換，演員也是一代一代交替，有些劇的前代演員早已作古多年，戲劇卻仍然在上演，而且還一票難求，西方世界對戲劇的深愛是我們不易了解的。

　　還有一些戲劇在停演多年之後，又復活了起來，重新編導、配舞、配樂，再度搬上舞台。一九九九年我曾在加拿大的維多利亞市皇家劇院內欣賞一齣音樂名劇《歌舞船》（Show Boat），內容敘述昔時美國密西西比河上一艘名叫歌舞船所發生的相關故事。一看首映時間，竟然是一九一二年，距當時已七十餘年了，但演出時一樣是座無虛席，一張票平均高達一千五百元新台幣。

　　觀劇者全家出動者有之，夫婦相伴者則佔大部分，那時我心中曾有一種疑惑，為何在我國就沒有出現過如此大眾化又能歷久不衰的藝文表演節目呢？

　　在西方世界觀劇，不但是前赴藝術的饗宴，而且也是社交上重要的一環，每當開演前或是中場休息時間，均可以看見觀眾頻頻探頭探腦地四處張望，試圖尋找親朋好友，以便等一會可閒話家常。

　　所以一到中場休息時間，只見眾人均不約而同走向休息大廳，或上洗手間，或喝一點飲料、吸根煙等等，當然若能在大廳中發現友人，則是再棒不過的事了，不但顯示出自己的格調水準，也可以自然地展開社交活動。有一點必須說明的是，一般西洋人不興「串門子」這一套，沒事找人聊天、閒嗑牙是不太禮貌甚至會碰釘子的，所以必須利用大家都能接受的場合來社交一番。

一、服裝

　　既然是社交場合，服裝打扮自然不能馬虎，男士西裝領帶是標準制服，外加擦得雪亮的皮鞋和梳理整潔的頭髮。

　　女士們則是豪華套裝、長裙、小禮服，外加披肩、皮包，再加上刻意搭配的高跟鞋，閃閃發光的項鍊、耳環、手鐲、戒指等，把人裝扮得燦爛耀眼。所以有人說，其實去劇院的女人看戲是次要目的，主要目的則是把漂亮的衣服穿去亮相，爭奇鬥豔，互別苗頭。

二、戲票

戲票的購買也是一門學問，西洋人一向有提早購票的習慣。

一般戲劇，只要是還算知名的，大約在半年前即已賣得差不多了，剩下的只是位置較差的或是票價太貴的。而當紅當紫的戲劇早在一年前就給訂購一空，剩下少數的戲票是故意保留下來以備不時之需，例如說某些政府首長或是重要人物的臨時造訪，而若是在開演前確定沒有 VIP 會來時，會以平價賣出。

有一次我在雪梨欣賞韋伯的《貓》劇，趕到劇院時只剩十分鐘便要開演，待我衝到售票處時居然以中等價買到一張座位極佳的座位，領位人員帶我進場，坐定了之後，方才發現是在正中央近前排的位子，而且整排位子只有我獨坐，其他位子全是空著的，而整個劇院除了我這一排，全是座無虛席、滿棚滿座的。

在購票時不論是在購票中心買還是到劇院買，售票員一定會出示座位分佈圖，告訴你舞台、走道、柱子的位置，然後依據你的意願劃位付錢，登記姓名發給收據，在演出當日開演前一小時，可以到劇院櫃檯憑收據換取正式戲票，然後依照自己的座位入座。

三、退票

買票之後是可以退票的，不過有一定的限制。在演出前的日期是可以退票，但必須扣除若干手續費，如果是臨時有事，則只有自動放棄了。

　　不過還有一招可以不必損失金錢，說不定還可以賺一筆呢！那就是黃牛票。在較受歡迎的劇場外常可見有人一手執票一面攬客，這是想看戲卻買不到票的向隅者最後機會，如果位子還不錯是不難加價售出的，有些搶手的戲劇，甚至可以加碼到一倍以上。

四、黃牛票

　　購買黃牛票時須注意是否為當日的票，以免不肖黃牛以過期票充數。另一點則是座位是否相鄰，有可能買了兩張票卻是兩頭不同的位置。

五、進場

　　演出前三十分鐘開放進場，此時應先將厚重衣物託寄、付費、拿取號碼牌。因為劇院的座位一般並不寬，若坐下後又拿著衣物，會妨礙其他觀眾通過你的座位。

　　進場後請將行動電話、呼叫器等傳呼工具關機或改為振動式，以免震驚正凝神欣賞的全場觀眾，並影響台上演員的表演情緒，令人厭惡。

六、表演開始

　　表演開始大門立即關閉，以免影響場內觀眾欣賞表演，遲到者仍然還有一次機會入場，那就是在序曲演奏完畢而須換景之空檔。再遲來者就只有等中場休息了，所以看在鈔票的分上，不要遲到吧！

七、包廂

　　某些仍有皇室的國家，會保留一些座位或是包廂供皇室使用，即使沒有皇室的成員前來觀劇，也不會讓其他平民使用，這是對皇室的一種尊重。如果有幸遇上皇室人員蒞臨，全場觀眾一定會起立致敬，鼓掌歡迎，樂隊也會適時奏出皇家崇戎樂以迎嘉賓。待皇家人員揮手答禮後，全場才會陸續坐定，表演也才會開始。不過據說等待皇室駕臨也常是表演延遲開始的主要原因。

　　而皇室除了有保留位外，還有專屬的中場休息室，以免和其他凡夫俗子混在一起，有失其皇家之身分。

▲民俗表演秀場，可窺得該民族之文化風貌。

八、鼓掌

較少看劇的人常會困惑，何時才可鼓掌，何時才應鼓掌？

一般來說，歌劇、音樂劇的規矩較嚴，通常是在每一景（scene）演完後才報以掌聲。因為在演出途中若是有人擊掌稱讚，一來會打斷表演之連續性，再來會影響其他現場之觀眾。但是也有例外，就是演員在唱完了某一名曲而又表現得唱作俱佳、餘音繞梁時，觀眾也會發乎至情地直接以熱烈的掌聲表達激賞。

舞台劇則限制比較少，這是因為由古希臘、古羅馬，以至莎士比亞，舞台劇本以娛樂觀眾、感動觀眾為主，所以常常戲劇是與台下觀眾互動的，有些戲劇甚至把觀眾席也視為舞台之延伸，因此，演出時經常可見台上台下打成一片。

若是喜劇，更常有台上、台下互相對話的情形，而在這種時候掌聲是沒有什麼限制的。

九、謝幕

表演結束後，當最後一句台詞說完了、最後一個動作演完，台幕會漸落，而後觀眾掌聲響起。沒有一會兒，全場燈光大放光明，台幕又再升起，此時依照演員在劇中扮演的角色與戲分，由輕而重，由配角而至主角，逐一攜手出場接受觀眾的歡呼與熱烈的掌聲。最後出場的是男女主角，他們的戲分最重，整齣戲的演出成功與否，與他們的臨場表演水準

關係至深，所以掌聲也是主要爲其而響。

表演若是成功，不但觀衆如癡如醉，起立鼓掌久久無法停止，演員們出場接受歡呼時也個個神采奕奕，笑容甜美，向觀衆鞠躬答禮的姿態亦極爲優雅好看，最後待女主角出場後會與全體演員在舞台上一字排開，再度向觀衆一起鞠躬致謝，然後一起伸手指向台下伴奏的樂團，而樂團指揮亦會向觀衆起身答禮，其他樂團團員則以敲打手中樂器的方式致意，場面溫馨且熱烈。

謝幕有時不只一次，若表演很成功時，有時會謝幕兩次、三次甚至五次。當第一次幕落時若掌聲已稀，則不再謝幕，但若掌聲仍熾，則幕剛剛落地而又升起，男女主角與衆演員此時仍然站在台上再次向觀衆鞠躬答禮，如此一而再、再而三。而謝幕次數的多寡也是演出成功程度的指標，如電影影評人評論電影時用一星級、兩星級相同意義。

十、觀劇望遠鏡

座位旁有些設有觀劇望遠鏡，一般只要投幣即可取下使用。

這是因爲舞台距離較遠時，觀衆想要看仔細演員的表情所用。用完後放在座椅上即可，但是不可帶回家中當紀念品，因爲那是劇院的財產。

十一、錄音和錄影

　　幾乎所有劇院都有明文規定，場內嚴禁拍照、錄音、錄影，若是違反規定，其後果非常嚴重。這項禁令肇因於避免干擾演員之現場演出情緒，與智慧財產權之維護，要知道編排一齣劇必須耗費許多人的心力方可成其事，所以防範極嚴，深怕有人翻錄、抄襲，或是看過影片後就不願再花錢去現場看表演，影響劇院之收益。

十二、帶位員（Asher，Asherette）

　　遇有工作人員帶位時，一般會給一點小費表達謝意，若座位在中間，必須經過他人時，也一律側身背對舞台方式通過才是禮貌，經過時必須不斷喃喃：「Excuse me！」以示歉意。

游泳池、海灘等之禮儀

在熱帶國家幾乎是四季如夏，炎炎夏日，可以說是天天都是戲水天，當我們前往這些國家地區旅行時，接觸到水的機會非常多，因此，其相關之規定和禮儀也不可不知。

一、游泳池

☆沒有救生員

國外游泳池一般都沒有救生員在池畔值勤，所以都會有「Swim, on your own risk」（安全自行負責）之類的警語，這在國外早已是眾人皆知的情形。

☆游泳池畔

在游泳池畔，不見得就一定要游泳，有不少人就只是在池畔做做日光浴、看看書等。

當夜晚降臨時，也有不少人身旁一杯冷飲，靜靜臥在池畔之躺椅上，看看池水在水底燈光照耀下波動生輝之美景，或是躺在長椅上凝望著滿天燦爛的星光。

☆務必著泳裝

游泳池畔標準服裝應是：游泳衣、大毛巾、海灘鞋或戶外拖鞋（千萬別把飛機上發的免費拖鞋或是室內薄底拖鞋穿去池畔，如果沒有像樣的

脫鞋，打赤腳亦可），外加太陽眼鏡。女士可以再加一件寬鬆的外衫，以免臨時前往它處時太暴露，而且不太雅觀。不可穿著短褲、T恤等即入池，否則他人會為之側目，工作人員也會將其請出池去。

☆入池

入池之前務必先將身上的汗水以及灰塵以蓮蓬頭沖乾淨才可入池，身上若有防曬油也應清理乾淨再下水，以免污染了池水。

西洋女性有不少在生理期時照樣運動以及游泳，只要換用棉條並注意泳裝顏色的選擇即可，女性同胞不妨參考。

☆跳水

一般游泳池不准跳水，以免跳入池中會撞到池中之人發生危險。就算是准許也會有一些限制，如在某些區域可以跳水，該處一定水深足夠，且其他泳客也會被加以區隔開。

☆游泳時

游泳時最好依一定的路線前進，不要臨時急轉彎，也要注意泳姿，若是蛙式時，注意腳踢水時不要踢到其他人。入池後先了解水的深度是否有所不同，以免貿然下水發生危險。

☆呼救

若遇溺水或體力不支時，不用不好意思，立即呼救，但不可佯溺，不但會令人反感，小心變成「狼來了」。

☆游泳輔助器材

池內一般不准用蛙鏡以及浮潛的呼吸管、游泳圈等，蛙鏡是怕不小心打碎時玻璃會傷人，其他的用具則會妨礙他人游泳。

蛙鏡雖然不准用，但是護目鏡（Goggles）則是可以用，而且是最好用，因為如此可以防止眼睛受不潔池水中細菌之感染，兒童池中則可以使用游泳圈等物品。

二、海灘

海灘之基本規定與泳池相同，但不用先沖水再下海戲水。若是飯店與海灘相鄰時，由海灘返回時則請先將沾滿沙粒的雙足以及身體用水龍頭沖洗乾淨後再進入，以免污染了飯店內部。

三、天體營

國外不少海灘上有女性喜歡袒胸露乳地做日光浴，國人初見總是會指指點點、訕訕竊笑，這是不太禮貌的。更有甚者，竟以相機當場拍攝起來，非常不妥。

我們必須尊重他人的自由與隱私，如果實在手癢想要拍，也請以技術方式為之，例如說可以假裝是在拍攝藍天碧海，或是沙灘風光，然後伺機以變焦鏡頭，神不知鬼不覺地得到成果。

天體營可分全身以及半身兩種，都有區域限制並有告示，閒雜人等一

律不准進入，進入者則一律得與他們同一穿著方式，想要進去一窺究竟者，最好考慮清楚。

其實，天體營是一種非常健康以及自然的行為，人類本來就是動物，衣物是演化後才逐一加上身去的，如果有機會能夠盡褪衣衫，讓陽光、海水、和風滋潤全身的每一吋肌膚，不是很好的一件事嗎？

返璞歸真，人生能得幾回？所以在天體營反而沒有偷窺、性騷擾、性犯罪之事發生，因為會去天體營的人，不但自重，而且知道怎麼尊重別人。若有機會，鼓勵你不妨一試。

三溫暖與健身房之禮儀

不少觀光大飯店以及渡假村、遊輪等，都有三溫暖以及健身房等設備，提供旅客一個運動健身和洗滌身心的地方，國人對三溫暖應十分熟悉，但是會使用健身房的人則似乎不是很多。

一、三溫暖

使用三溫暖時必須了解其相關規定，如有些地區規定必須著泳裝；有些則不准穿任何衣物，只可以浴巾遮掩；有些是男女分室不可混浴；有些地方則淋浴、泡澡以及蒸氣室、休息室、紫外線室一律男女共用，而且還是裸體狀態。

在德國、北歐諸國，全家人向來是一起共浴，他們認為洗三溫暖是一件非常健康、自然的事情，人類的裸露身體也並不可恥，沒有洗三溫暖還要掩蔽之必要。所以常可見一家老小高高興興一起共享三溫暖之趣，並同享天倫之樂，此時如果有人身在其中卻含羞帶怯，無所措其手足，反而會令在場之人感到驚訝。因此，入境隨俗吧！

洗三溫暖有一定之程序，一般也會將之標示在入口處，如必須先淋浴才能入池、浴巾不可入池等；有皮膚病者、酒精過量者、服禁藥者、有心臟病者、呼吸系統毛病、高血壓者，均禁止入內，以免有突發狀況發生，或是會影響他人之健康。

在洗三溫暖時若是屬不准穿衣者，也不要顯得尷尬與不安，應落落大方與其他人一般，目光也應磊落，不宜刻意閃躲他人之身體，反而會顯得不自然。

二、健身房

健身房是提供旅客活動筋骨、鍛鍊身體之運動場所，由於空間較狹小，當器材使用不當時可能會有危險，所以有一些不可忽略的事項：

☆服裝

既是運動場所，自應著運動服為妥，可以穿 T恤、長褲、短褲均可，再配以運動鞋（運動襪可別忘了穿，也別穿了一雙球鞋，裡面卻是一雙黑色的皮鞋襪）。

女士可以著T恤、長褲、束髮帶（以免長髮披散）、防汗腕帶，千萬別僅穿了拖鞋，或臨時起意，打了赤腳就上。

☆器材

先了解每一項器材之功能與使用方法，切記不可貿然嘗試，否則極易出事，就算只是拉傷了筋或扭傷了肌肉，都足以使後段的旅程大受影響，所以如果沒有把握，不妨問一問指導教練或是其內之服務人員。

☆先做暖身操

運動前最好先做暖身操，充分活動手腳以及身體之每一關節筋肉，以為稍後的激烈運動做準備，如此也較不易造成運動傷害。

☆舉重等器材

使用舉重、練背機等器材時，必須循序漸進，不可逞英雄或是自信心過強，一下子就把重量調得太重，以致肌肉嚴重受傷。

若是沒有把握可以請友人在旁協助，一方面力有未逮時可以助一臂之力，一方面也可以修正自己因用力而產生變形的姿勢。

☆爬樓機、跑步機

使用爬樓機、跑步機時，可以由最輕的階段開始，若覺得情況還不錯，則可以再逐漸增加時間以及級數，以達安全運動之目的。

☆不要霸佔器材

不要一直霸佔某一項器材不放，或是與同伴一直輪流使用，外人只能乾瞪眼而沒機會使用。要知道健身房內所有器材都有其裝設的目的，而每一器材也都是為鍛鍊不同部位的肌肉而設計，如果其中有一項無法使用到，則勢必影響他人全身之整體運動。

☆立即清理

若有汗水把器材弄溼時，必須以毛巾立即拭乾，以免影響下一位使用者，若是身上已大汗淋漓，為了不再繼續污染器具，換一件乾的衣服再繼續吧！

☆避免高聲談笑

健身房雖是運動場所，但是並不是球場，有不少人在健身房中專心凝神只是注意自己鍛鍊的狀態，所以應避免高聲談笑、喧嘩等情形，因為一定會影響到這些默默運動中的人們。

☆器材歸零

運動完離去時應將使用過之器材歸回起始狀態，計時、計數碼錶歸零，在離去前不要忘記向指導教練致意，感謝他們的陪伴與經驗傳授。

球場之禮儀

運動日益普及的今天，在國外旅遊時常有機會與同遊者一起運動或參加球類友誼賽，當然，每個人的球技或有高下之分，但基本禮儀則是每人均須具備的。

一、球場服裝

除了服裝必須整齊外，做什麼運動穿什麼服裝，這是不變的道理，試想如果有人穿了整套籃球服裝到高爾夫球場，是何種景象？

二、球具

盡量自行攜帶球具（租的、借的均可），避免隨意向同行者借球具，這會令人不便拒絕，但是心中又極為不願。但如是他人主動提出者，則不妨欣然接受。

三、球技

就算球技很好也不要誇示他人，謹記友誼賽中最重要的是友誼與氣氛，而不是比賽結果，他人贏球是球技好，你若贏球則是「運氣不錯」。

四、不可臨時取消

如果眞有要事不得不臨時取消赴約，也必須找好代替人選再告訴球友，否則有可能因爲一個人而毀了一場球賽，從此以後你就永遠得罪了其他的人了。

五、注意風度

不可口出穢言，這會令在場的其他人（尤其是女性）感到尷尬，並影響他人對你的觀感。

六、交談

若有交談時間也以與該項運動相關爲原則，不要涉入政治等嚴肅話題而影響他人心情。

七、過度誇揚球技

不要過度誇耀自己的球技，以免其他球友錯估情勢，若輸得難看，大家心中會作何感想？而若是配隊比賽算球隊之總成績時，由於你離譜的表現，而造成該贏球卻變成輸球時，又不知有多少人還有風度再把你當成朋友？所以最好是據實以告，甚至不妨稍微謙虛一點還比較保險。

八、避免遲到、早退

不要遲到、不可早退，這是人盡皆知的基本禮貌，既然決定了球敘，就不宜自行再安排其他節目。當然，若是在不影響球賽進行之下是可以另做安排的，如不參加賽後之餐會等，但亦應事前先告知其他球友。

九、比賽規則

球賽前應先說明清楚比賽規則，否則在比賽中有問題球時不好處理，若真遇此事，則可在不傷害對方自尊的情形下說明清楚，甚至可以「不知者無罪」輕描淡寫地化解爭議：這球不算，重新開球。

若遇對方好勝心強時，則不妨退讓以保持風度為佳，爭執中總是得有一方讓步的，而往往都是風度、氣量較佳的一方禮讓。

十、表現欠佳時

球賽時若是隊友表現不佳時，不但不可責怪，反而應以愉悅的態度鼓勵、安慰之。但也不要口頭上似乎安慰，但面色凝重、口是心非，讓球友更加難堪與自責。在球場上球技再好而球品不佳的人，是不容易交到什麼好朋友的，希望你不是這種人。

十一、提供比賽球

比賽球若屬於消耗性的如高爾夫球、羽毛球等，應該主動提出提供之表示，因爲球既然是公用的，也就應該由大家來一起提供，每次都是「伸手牌」的球友，是很難讓他人接受的。

十二、勿忘團隊合作

就算是個人球技極佳，也不宜一人窮表現，而忽略了其他的協力球友，畢竟團隊合作是運動精神的基本要素，若把他人當成跑龍套的，恐怕總是難讓人心悅誠服吧？

十三、寬以待人，嚴以律己

有些球類比賽時，如羽球、網球等，是否出界實在很難判定，在沒有裁判的情況下，請記住「寬以待人，嚴以律己」這句話。否則對方若是一直被判出界，心中一定會氣憤不平，如果也以其人之道還治其人之身，你來我往的，友誼賽的目的就已消失無蹤了。

十四、球賽結束後

不論輸贏，禮貌上應趨前向對方選手握手致意，表示感謝以及球賽愉快，當然也不要忽略了自己的球友，一樣要握手致意。

　　球賽結束了就是結束了，不可以因為自己或是球友之表現生悶氣，而不願禮貌致意而失去了風度。友誼賽的輸贏本來就是無所謂，贏的一方固然高興，輸的一方也正好藉此檢驗自己的球技，並從而改進之，正所謂「切磋球技」之意；所以我國古訓「揖讓而升，下而飲」，就是最佳之典範。

高爾夫球場之禮儀

高爾夫球的起源至今仍是個謎。

根據比較可靠的歷史記載,公元一四五七年蘇格蘭國王詹姆士二世曾頒布禁令,禁止國民沉迷高爾夫和足球。原來當時蘇格蘭正與英格蘭處於戰爭狀態中,而一般百姓卻熱中高爾夫以及足球,沒有人去練習作戰時必備的彎弓射箭技巧,於是不得不由國王下聖旨申禁。蘇格蘭並在一四七一年和一四九一年時再度下禁令,不過到後來竟然連國王本人也迷戀上高爾夫了,於是自然不再禁止。

事實上高爾夫的起源可能可遠溯自羅馬帝國時代,當時奉派駐在英倫以及荷蘭、法國北部之帝國軍隊,閒來無事時喜以木棍擊石為戲,慢慢發展出了高爾夫球戲之前身,漸次傳遞至英國,後來遊戲規則也日漸完備,當時被稱為紳士遊戲。而又由於遊戲場地日益擴大,因此也由遊戲發展成一項運動,而這種運動在二十世紀時已是一種老少咸宜、普及世界的全球性運動了。以美加和日本地區為例,全國人口中竟然有十分之一的人口喜愛高爾夫,可以說是一項相當大眾化的運動,尤其是美加地區幅員遼闊,公私立高爾夫球場處處可見,其消費更是大眾化得令人羨慕,這可能也是其能成為國民日常運動的重要原因吧!

既然號稱「紳士運動」,可知其重視球場禮儀之程度必超過其球技之要求了,沒錯,一個球技再高超之人,若是缺乏應有之禮儀,也可能使他人嫌惡,不但使相識者不再邀約球敘,同時也失去高爾夫另一項重要

的功能：交誼。

　　談到交誼，眾人皆知有不少富商巨賈事業上的合作，政客要員政治上的溝通了解等，都是在高爾夫球場上完成的，而升斗小民可藉著擊球空檔時間，邊走邊閒聊，很自然地交換生活經驗，增加彼此之熟悉度，這點是其他各種運動無法比擬的。所以有關高爾夫的禮儀、高爾夫基本知識以及正確球場用語是不可不知的，因為這些均會影響他人對你的印象與定位。以下是打高爾夫球時常易被忽略之事：

一、重在交誼

　　所謂球敘重在交誼，而球技切磋反是其次，所以也屬社交的一種型態，因此在友誼賽的揮桿之間、賽玩後，都應與參與者主動分享球經、日常生活點滴，甚至是國家大事、世界要聞，讓其他人充分了解你的想法，也讓你更了解他們。

二、紳士運動

　　輕鬆優雅之間，不急不緩地完成此一紳士運動，同時也達到了社交的目的。所以舉手投足、言語態度以及運動員的風度均必須注意，最好的方法就是平日就能自我注意，不斷修正，不但盡量吸收高爾夫的相關知識，而且要養成容忍異議的民主風度，如此可保證你成為一位受歡迎的球友。

三、了解規則及個人榮譽

　　球賽前先完全了解規則，高爾夫起源甚早，其規則也是由爭議中不斷歸納、修正得來，其目的在於力求比賽之公平性，但又由於發源地英國本來就是尊敬個人榮譽之國家，因此有不少違例犯規時，如重新拋球等，都是自由心證，若有此情形，必須避免給他人有投機、佔小便宜的猜疑，寧可因守規矩而增加桿數，不可因小失大，讓其他人對你的品格質疑。

　　部分球場有自訂的規則，也就是所謂的「Local Rules」，只要其規則不違反國際規則的精神，與賽者都必須要遵守並尊重之，事前了解可以避免違規。

四、社會地位

　　開球時，習慣是以同組中社會地位最高者帶頭開球，若彼此地位相近，也不可一直互相謙讓，造成其他組的球友等待以及無謂的喧鬧。最好使用最公平的方式就是拋球座了，將球座拋在球友中間，其尖指向處就是優先開球者，其餘則依順時鐘方向依序開球，簡單省時，公平又不失趣味。

五、避免浪費時間

在擊球前，不要一直揮空桿練習，不但是浪費時間，也會造成其他人之不耐，須知：揮空桿練習應是在練習場中為之的！

全組擊完某一洞後，應盡快完成離開果嶺的動作，不要慢條斯理地討論這一洞的種種，而讓其他組之球友在果嶺外乾等、枯候。

六、其他注意事項

離開時養成鋪平草坪、插回旗桿、整平沙坑等各種必須做的動作。如此新的一組球友上果嶺時，可以省掉不少因為回復前組留下來的影響而浪費的時間。

高爾夫球賽時，如果本組打球進行速度較慢，則不妨禮讓人數較少或打球較快的一組優先通過，以免塞車。

揮桿擊球後，若是桿頭削掉了一塊草坪，則應立即將其放回原處，並用腳踏平之，以利草坪之繼續生長，若是球場東缺一塊、西露一處就非常不好看了。

打完高爾夫球後，宜用清潔水管將鞋底所沾之草皮屑、泥土等沖洗乾淨後，再進入旅客服務中心之室內。

揮桿之前務必確定前面無人，若是前面有人在工作或走動，也一定要出聲「Fore！」（前面注意）警告，待其離開危險區後再繼續揮桿。

開球前先確定自己的小白球牌子以及其上之阿拉伯代號，若是因而弄

錯拿到別人的球而繼續擊球時，是很不禮貌的事，而且將被處加罰，非常不划算。

當別人正在準備揮桿時，一定要避免干擾，不論是交談（耳語也是一樣）或是走動。不要站在其前方視線內，以免影響他的注意力，增加其心理負擔。

不小心擊球入草叢區時，可以利用時間去尋找，但是不宜一直找不到仍不肯放棄，只為了省一顆球而耽誤了大家的時間。

新手下場時，最好避免在打球的尖峰時間揮桿，以免一組人影響了後面一大串隊伍之進行。

球入沙坑，在擊球出坑後，應利用等待他人揮桿之時，以沙耙把沙上之腳印、擊球坑洞耙平，這是相當基本的球場禮儀。

果嶺上推桿較耗時間，在本組最後一人也推桿進洞後，應立即把標旗插回原位，並迅速離開果嶺區，以利在後等待之其他組繼續比賽，要討論球技得失，也應在離開果嶺後再討論不遲。

夜總會之禮儀

　　歐美人在工作之餘，常利用晚上的時光好好放鬆自己享受一下，除了在酒吧小酌、迪斯可舞廳狂舞、偶爾看場電影外，遇有特別日子則喜歡到夜總會逍遙一晚，喝喝香檳、跳跳舞、欣賞精彩的歌舞表演等。

一、夜總會服裝

　　男士仍應是西裝革履，但是可以配以較花俏的領帶和絲質襯衫等，讓自己看來比上班時亮麗、時髦些。

　　女士則盛裝打扮，有人說「夜晚是屬於女人的」，沒錯，一般上班族婦女，在晚上的打扮可以和白天上班時的裝扮判若兩人，不但彩妝濃了，香水也更具誘惑力了，髮型做了很大的變化，搭配的首飾、皮包也完全不一樣，再加上艷麗的華服，足以讓人眼睛為之一亮。

　　不但如此，夜晚的女士，連說話聲調、舉手投足、言談謦笑，也顯得嬌媚許多，變化之大，常讓熟識的男士也為之驚訝而神往。

二、夜總會的位置

　　一般來說，愈靠近舞台的位子愈是價昂，除了跳舞時進出舞池較方便外，當藝人表演時，也可以因較佳之視野而仔細欣賞、盡興。

　　有些夜總會其座位的遠近是以價位區分外，進場時小費給的多寡也可

能具有影響力，畢竟，服務人員常視小費為他們重要的收入，出手大方的客人總是能獲得較佳的服務。

三、服務

有些不明就裡的客人，在座位上苦等服務人員開酒、加冰加水時，就是等不到人；聰明一點的，只要把手中的小費伸手一揚，眼尖的服務生保證馬上趕到，笑臉迎賓立刻服務，別說他們現實，歡樂場所本來就是一個小費的世界。

四、禁止拍照、錄影、錄音

夜總會一般不准拍照、錄影、錄音，拍照必須由場內專門人員替你拍（拍立得），拍完後當場銀貨兩訖，但是照得不好可以不買。

販賣部多有販售製作好的錄影帶和音樂錄音帶、CD 等，可以供客人買回當紀念品。在購買錄影帶時務必購買標有 NTSC 標記者，或印有美國國旗者，否則返台將無法直接播放，必須再請人翻錄，所費不貲，划不來的。

五、視線被擋住時

欣賞表演時，若前面之人擋住視線，可在開始表演後移動座椅，以取得較佳之欣賞角度，但是要注意不要擋住走道，妨礙他人通過。

若前桌確定不會有人使用時，也可以移往前座，但須讓本桌服務生知道，以免他們弄錯帳單。

六、衣帽間

夜總會內多附設有衣帽間，但是仍然要收費，而且費用相當高，洗手間有些也有人待命服務，提供擦手毛巾等物，說穿了也是希望能拿點小費，不過這和衣帽間不同，是不勉強的。

賭場之禮儀

自人類有歷史以來，似乎就與賭脫不了關係，低層社會有低層的賭法；高級人士有所謂的文明賭規，呼盧喝雉奮力一博，有的人奢望能一夕致富，或是至少發點小財，有些則純粹是喜歡沉浸在刺激、興奮的氣氛當中，與眾人一同沉醉一下紙醉金迷的感覺，至於結果，贏了最好，輸了也無所謂，真正所謂調劑調劑生活罷了。

一、年齡限制

所有賭場均有嚴格的年齡限制，保全人員有所懷疑時，會要求客人提出身分證明，無法提出，或是低於法定年齡者一律請出場外毫不通融。因為這是法律所規定，必須嚴格執行。

東方女性外貌看起來遠比西方女士來得年輕，所以大部分都有被懷疑未足齡的經驗，雖然心中樂滋滋，但是若是忘了帶護照，仍然是會吃閉門羹的，所以護照要隨身攜帶才是。

二、服裝整齊

賭場一般不准服裝不整、嗑藥、酒醉者進入。歐洲賭場規定嚴格，必須襯衫、領帶才算合格，若沒有帶也可以用租的，不過租金一般都不便宜。美洲賭場則規定較鬆，如拉斯維加斯和加拿大的賭場，但是拖鞋、

背心、短褲以及太暴露者,還是會被要求更衣或是以外套遮掩,方才得以進入。

三、會員制

有些賭場採會員制,只有會員才可以進場,但是爲了方便觀光客,所以有一種「一日會員」的折衷方法出現,既符合賭場之規定,又可多收一點入場費,一舉兩得,皆大歡喜。

四、保全

賭場保全措施非常嚴密,不但四處都是鏡子,連屋頂上也是反光鏡外加對準各個角落的錄影機,讓郎中、老千之流無所遁形。

五、發牌員

除了每桌的發牌員都是經過相當時日的嚴格訓練外,每幾桌就有一位責任主管,一旦發現在任何一桌的莊家、發牌員手氣不佳時,會立刻走馬換將,一方面倒倒客人的運,一方面防止發牌員與客人串通詐財,所以可以說,賭場內所有人的一舉一動都在賭場的嚴密監控之中。

若有某人的賭運奇佳,沒多久一定會有幹部級以上的人物前來觀察了解,看看是否有何問題,是不是有人動手腳或是出老千等等。

六、玩牌時的規矩

客人在玩牌時也有一定的規矩，例如說玩二十一點時只能以一手握牌（以免偷換牌）；輪盤下注時有下好離手之規定時間；玩吃角子老虎時不准拍打機器等，這些規定都是爲了防止某些以賭爲生之徒，藉機訛詐賭場的金錢。

七、賭場穩贏

事實上，如果依概率計算，賭場只要稍微佔上一點上風，其所獲之收益就足以令人震驚了。以拉斯維加斯爲例，其賭場總收益當中，竟然是以兩毛五的吃角子老虎佔其所有收入的最大宗，高達百分之七十以上，沒想到吧？小小兩毛五的角子，竟帶來天文數目的收入。其實原因很簡單，小錢人人都花得起，吃角子老虎又是最簡單的賭具，只要機器贏面稍大於賭客，一天二十四小時不斷喀喀作響的機器，自然賺進了令人難以相信的財富了。

八、小費

賭場中賭客的飲料一般多是免費供應的，有些甚至僱用衣著清涼的妙齡女郎提供服務。酒是免費供應沒錯，但是小費可不能少，給現金、籌碼均可，只要放在她拿的托盤中就是了。

工作人員在賭客贏錢時也希望客人能賞賜個籌碼什麼等等。

賭博奇聞　Knowledge

多年以前，我國曾經不斷以農業技術團協助各開發中國家，一方面可幫助該國食糧方面自給自足，另一方面亦可促進彼此之邦交，一舉兩得，深得各受惠國之歡迎。

有一天，一位農技團團員在閒暇之餘，到市集閒逛，見到一群土人蹲在地上圍成一個圈圈不知在做什麼，受到好奇心的驅使，他自然上前一探究竟。

只見七、八個土人圍成一圈，每人面前的地上擺了一張鈔票，看起來似乎在賭博，但是每個人只是聚精會神地瞪大眼睛看著自己的鈔票，沒有任何動作，也沒有一個人說話，不知誰是莊家，也不知如何賭法。

過了一會兒，其中一人十分興奮地伸手拿起了所有的錢，其他人則一副懊惱的樣子，心不甘情不願地再掏出鈔票，重新擺在地上，仍不言不語，毫無動作，過了一會，又有其中一人「通吃」。

如此一連好幾次，我們這位團員是怎麼看也看不出個道理來。

最後實在忍不住，只好操著生硬的法語向其他圍觀的土人詢問，土人睜大眼睛看著他，很不解地說道：「這實在很簡單啊！只要看蒼蠅先停在誰的鈔票上面誰就通贏啊！」

溫泉之禮儀

　　台灣位於火山帶，故火山地形相當多，地熱、溫泉可以說是處處可見，國人也早已對溫泉浴習以爲常，有不少人甚至是從小洗溫泉洗到大，溫泉養身保健之好處不待贅言，現僅將洗溫泉時之注意事項說明之於下：

一、溫泉禁忌

◎空腹、飯後一小時以內、飲酒後，均不適合浸泡溫泉，可能因此引發身體之不適應症。若有此情形應立即離開浴池休息。

◎心臟病、高血壓、氣喘病等突發性疾病患者必須遵從醫師之指示泡溫泉浴，最好與他人一同入浴，在身體不適時可有人協助處理。

◎孕婦、年老體衰、重病後、手術過後者，也須先徵詢醫師之同意以及指示再行溫泉浴。

◎某些皮膚病患者、皮膚有較大傷口者也盡量不要泡溫泉，最好先問醫師，以免引起反效果，造成皮膚病之惡化。

二、泡溫泉注意事項

◎入池前必須先將身體沖洗乾淨,泡溫泉與洗澡是不一樣的,尤其是在公共浴池,身體若不洗乾淨就入池是會惹人厭惡的。

◎有些浴池禁止穿任何衣物,泳裝亦不例外,有些更嚴格到甚至毛巾都不准入池。

◎若屬全裸公共浴池,請以自然眼光以及動作沐浴,不要窺視他人身體或是忸怩作態,如此舉動反會引起他人之側目,事實上,溫泉浴是一件極其自然又健康之事。

◎池內不可飲食,亦不可吸煙,國內某些同胞粗魯、不自愛的行為是不可帶到國外去的。

◎避免喧囂、嬉鬧、惹人反感,也不要在池中打水仗,干擾他人。

◎若有垃圾產生,請於浸泡完畢後一併帶離現場,或是投入垃圾桶中,若有浴場公共使用之用具,也請用完歸還原位,方便下一位使用者。

◎入池前先以手腳測試水溫,避免猛然入池,入池方式也以逐漸深入為妥,若覺壓力太大,可以減少身體浸泡部分。

◎首次浸泡以五分鐘以內為佳,讓身體調整適應後,再度入池可以延長至十五分鐘左右,如此反覆進行是最佳的浸泡方式,其間若覺身體不適應立即離池。

◎室內溫泉應注意通風是否良好，密閉空間內長時間泡溫泉常會造成休克等意外事件。

◎室外溫泉若屬小池型，一池最多能容納六、七人，因此若有他人在旁等待時，也請輪流使用，使人人都有機會享受。

◎室外溫泉必須穿衣，不要穿著T恤、休閒短褲等入池，泳裝是最合適的，拖鞋也以海灘鞋或戶外拖鞋為原則，室內之薄底拖鞋以及飛機上免費贈送的紙拖鞋之不宜穿去室外的。

◎女士之頭髮宜先綁紮整齊，以免在池中披頭散髮不太雅觀。

介紹展示場地之禮儀

在國外參觀某一觀光地區，如國家公園、太空中心、紀念館等，在參觀開始前多會由主辦單位先安排一段簡短的影片和幻燈片介紹，讓來自世界各地的遊客，能先對之後要參觀的事物有一些初步了解，以便在參觀時得到更深刻及完整的印象，在聆聽簡報及觀賞影片時，有些事必須遵守：

◎主持人在介紹時，請和大家一樣安靜地聽講解，就算聽不懂英文，也應禮貌地靜待其敘述完畢。

◎在某些國家如加拿大，是採用英、法語雙語制的，所以有不少場地耳機上會有英、法語不同之按鈕，如果是按在法語上的可以調回英語，除非你的法語和英語一樣棒或是一樣爛，則可不必調。

◎有些比較先進的場地會用三D立體電影介紹，但須戴上特殊的三D眼鏡才看得到。看完影片在出口處會有集中回收處，請自動繳回，不要私自帶出場外。有些地方會提供專用耳機，可以在參觀時自動以無線或有線方式解說你所看見的不同展示品，有如私人導遊一般，在出口處也請不要忘記主動繳回。

◎拍照、錄影在各地規定不一，有些規定許可拍照但禁用閃光燈，有些則根本禁止拍照，事前先詢問是最好的方式。

◎在一些非營利性的展覽地方，會希望遊客能夠惠賜一些贊助費，多寡不拘，以利該地之維護與管理。不要視而不見或假裝不識英文，多少捐一點，盡一份力吧！

◎座位一般不嚴格規定，但先入場者最好盡量集中坐在一起，以方便後進者之就座，可免延長大家等待的時間。

◎如果是乘坐園區專車巡迴介紹者，請在每一站介紹完後回到自己首次坐車時之位置，最好不要任意換座位，否則客滿時會如「大風吹」一般，總是有人找不到座位的，在列車開動時，工作人員會先提醒大家這一點。

◎乘坐列車時注意手腳之放置，避免姿勢太大而影響他人。列車長在行進中會解說沿途景物，或和大家開開小玩笑。有時也會要求大家一起做動作，此時不妨從眾，放下身段同樂一下也是滿愉快的，例如說在環球影城列車經過「摩西過紅海」時，列車長會故意滿臉憂愁地詢問大家：「前有大海，如何是好？好！讓我們大家一起喊：「Break the Waters！」（海水分開！）」經過「大金剛」區時會假裝害怕大金剛左右搖晃列車而驚叫連連，此時也不妨盡量裝恐懼吧！滿有趣的。

◎也有以一長列小型視窗來投影介紹的，一站接一站，旅客必須也依序一站一站地看，此時就算對某些站特別有興趣也請依序前進，不要一直站著不走，否則後面的人也會被堵住無法前進。

成人秀場之禮儀

許多人擁有的共同經驗就是國外的成人秀場，這種秀場在國內是屬於非法的，所以不准在公開場合表演，但是據說在某些地方已轉入地下化經營。

成人秀場在國外大部分是合法的，不但是場地合法、演員合法，政府視之為稅收項目之一，秀場一樣要繳稅接受政府檢查管理的，而其限制大都是場地方面而並非在於表演項目。

一、場地

場地之安全與清潔是第一要務，是否安全可以由其安全門之指示，消防器材數量等觀察之，現場之空氣與環境之清潔度也是指標，在購票之前是有權可以先行進場觀察，再決定是否購票欣賞。

二、入場後

入場後，國人有些會忸怩作態，訕訕竊笑，其實最好是落落大方，既來之則安之，試想如果有一群人一直指指點點、掩口竊笑，不是反而很奇怪嗎？

三、禁止拍照、攝影

和其他地方一樣，這裡都是不准拍照、攝影的。不但是怕影響演員的表演情緒，恐怕也是怕有人別有用心把照片拿去賣給《花花公子》、《閣樓》之流吧？

四、節目內容

表演節目內容各國不一，譬如美國只准單性表演而不准男女同台演出，其內容多是裸女表演鋼管舞或在桌上表演煽情裸舞者較多，若有人手執小費，舞者也會前來特別表演一段。但是其規定是：只准舞者騷擾客人，不准客人騷擾舞者，若是動手動腳則必遭工作人員制止。歐洲國家如荷蘭、德國、丹麥等則開放得多了，除了男女均可同台表演外，內容也是真刀真槍讓有些人不敢直視，但有些場所會在大門口有明文告示，有些則會事先說明，尤其是女權高漲的國家更是謹慎小心。

五、節目進行時

表演時只准鼓掌叫好、吹口哨、怪聲尖叫均無妨，就是不可以用手接觸演員，否則會被警告，甚至逐出場外。

有一次我在阿姆斯特丹的成人秀場陪同友人欣賞成人秀，有四名外國船員正坐在台前的第一排，其中一人不斷用手觸摸正在台上表演裸舞的女演員，立刻就有工作人員前去制止，可是那名船員似乎已有醉意，不

太理會，仍然不時伸手戲弄。

中場休息時，只見一名身高超過二百公分的巨漢走向舞台，左手執一大木棍，右手把那名鬧事者由後衣領用力一提就提了起來，然後拖了他就往門外走，到了門口順手一扔就把他扔下了台階，其他三名同伴嚇得是噤若寒蟬，夾著尾巴扶起摔在地上的倒楣鬼，頭也不回地快步消失在人群中了。

我出於好奇，向經理打探此人之來歷，方知他本是職業摔角選手，退休後才來此任安全人員，不過工作不僅只是保全，因為下一場開場時，我竟然看見方才這位天生神力者一絲不掛地在台上賣力當起男主角了。

六、年齡

成人秀場一樣有最低年齡限制，一般是以投票年齡來做分際，有投票權的人也就有進場權。

七、台下表演

有些場地，演員會走下台來向觀眾做煽情表演，有些甚至會坐在觀眾的身上，如果怕被騷擾，可以盡量坐在後排就比較不會尷尬。有的國家如日本、泰國等，甚至會邀請台下觀眾上台同樂，以我國的道德標準來看，實在是太「禽獸」了一點。

參觀博物館之禮儀

博物館、美術館、展覽館是在國外旅行時經常造訪的地方,除了可以提供我們精神上的享受,情感上的慰藉外,也豐富了我們許多相關的常識與知識。以下為一些約定俗成的規定:

一、禁煙、禁食、禁飲

全館禁煙、禁食、禁飲以保持參觀場地之整潔,一方面可以保護珍貴的收藏品,另一方面則提供參觀者一個舒適安寧的環境,得以盡情取其所好。

二、禁用閃光燈

幾乎所有博物館都禁用閃光燈,這是為了保護這些脆弱的藝術品以及古物。試想一件精彩的油畫在一天幾百甚至幾千次的強力閃光燈閃爍下,能夠保持原來的色澤多久?

為了防止複製品充斥市場,有博物館是任何相機或攝影機都禁用的,有些善於仿造的非法集團,專門設法取得原件資料後再仿製出售牟利,造成社會上許多混亂與爭執,而此種混亂,可能一直延續好幾十年甚至上百年還是紛紛擾擾,國內最近發生的名作真偽官司就是這麼來的。

做 個 有 禮 貌 的 地 球 人　144

三、禁止觸摸

一般嚴禁以手觸摸藝術品或古物，其目的也是同出一轍，就是防損。

除了少數落後地區國家如高棉等外，展出的物品一定是保護完善、控管嚴密，深怕有任何意外發生。

巴黎羅浮宮名畫「蒙娜麗莎的微笑」就是非常出名的例子，肇因於多年前曾被館內工人輕易偷出圖售，最後幾經波折方才完璧歸趙。又有一次有一名精神有問題之男子竟宣稱將不利該名畫，擬以畫揚名，此一消息使得館方大為緊張，不但立即加裝了防彈玻璃，而且派遣專任警衛立於其旁，目光炯炯、全神監控，有如竊賊環伺一般。其他著名的例子還有聖彼得大教堂內，米開朗基羅的雕塑品「聖母哀子像」，竟被一名精神病患者用鐵鎚打斷了手臂，這也是現在其四周防彈玻璃圍幕的由來。

四、歡迎動手

有些展覽館則以讓參觀者親自動手試用為著名，如慕尼黑的「德意志科技博物館」，館內有許多儀器都歡迎遊客動手試試看，以讓人完全了解機械的運作過程，達到教育百姓、啓發心智之目的。

五、背包等物品

進場時，大型背包、雨傘等一律得留在館外，這是怕身上的東西在走動時有可能碰倒展覽物品，或是刮傷了藝術品，那就無從補救了。

六、禁止在館內解說

　　有些美術館爲了提供最佳的欣賞環境，是不准在館內解說畫作的，試想如果一群群、一隊隊川流不息的遊客，在導遊的高聲解說下，不把美術館變成菜市場才怪！所以如阿姆斯特丹的「梵谷美術館」就有上述的嚴格規定，以讓大家都能平心靜氣地凝神欣賞此一不世出的繪畫奇才震撼心靈的感人作品。

七、錄音機導覽

　　如果眞的需要聽導覽，很簡單，只要在入場時租一副導覽隨身聽即可。好處是聽得不清楚，可以再聽一遍、兩遍，直到完全了解爲止。幾乎在每一幅著名的作品前，均可以無線接收事先預錄好的說明，而且有英、法、西、德、日等國的語言選擇，只可惜還沒有中文的。

八、閉館

　　每日閉館前約一小時即停止售票，禁止參觀者入場，此時是只准出不准進，以利閉館作業，所以請盡早到場，以免趕了半天卻吃閉門羹。

九、休館日

每館之休館日不同，但大多數是每週一休館（也有週二休的）。週日可能只開放半天，有些非常受歡迎的博物館則規定團體必須預約，否則不准入場，以控制每日的入場人數。

十、免排隊之類的特別待遇

殘障人士或身體虛弱者可以享受不用排隊的優惠，不但免排隊（有些地方一排就要排一至二個小時），館方更提供輪椅、電動車等之服務，對於社會上弱勢的一群可以說是禮遇、照顧有加。

有一次在羅浮宮看見古希臘室中有一位盲胞在警衛的指導下，用手撫摸展示的古希臘雕像，事後了解才知道這是館方對盲胞獨惠的方式。因為他們來此既然視而不見，以手代眼則是欣賞藝術品的唯一選擇了。

十一、聯營票

喜歡參觀博物館、美術館的人大概都知道，有不少館有所謂的聯營票，可能只須花三張門票加起來的費用就可以看遍六個不同的博物館或是美術館。比起每次到場都要排半天隊去買票，不但省錢而且省時，是很好的方法。

狩獵場之禮儀

　　台灣禁獵已經行之有年，老百姓早已被教育不可以虐殺或是狩獵動物，其著眼點在於避免影響島上數量本就不十分興旺的野生動物，另一方面說來，也因其行為是不人道、不道德的。

一、遊獵

　　有些國家地方也和我國一樣，它們雖擁有相當數量之野生動物，但也是鼓勵百姓或遊客以攝影鏡頭來代替獵槍，以雙眼來代替追逐野獸飛禽的捕獸網，以了解、欣賞野生動物為樂，以致有所謂的「Live and let live！」之口號，也就是讓天生萬物共同生活在我們的地球上。

二、開放獵捕

　　但是在某些地方，如果任由野生動物自然繁衍下去，則勢必嚴重影響其本身族群和其他相關動物之生存，因此，不得不開放獵殺，以適度調整其整體之數目。還有一些鳥獸本來就是繁衍迅速者，則只要不過度捕殺，其生存是無需顧慮的，也就會開放給民眾當作休閒娛樂項目之一。

　　還有就是有些過渡性、季節性遷移的動物，如鮭魚、候鳥、馴鹿等，就算無人獵殺，也會自然死去。所以只要適度控制，是可以加以捕獵的，畢竟，我們人類的祖先本來就是由漁獵社會慢慢演變以至於今的。

三、遊獵場

前往森林、原野中展開遊獵之活動時，必須依該場地之相關規定，雖然有嚮導隨行，但是仍然有其危險性，所以一般在出發前一定會仔細講解叢林法則（Jungle Law），而且嚴格要求參加者必須確實遵守，不可兒戲。因為在森林之中，一個人的疏忽造成的危險，很可能是由所有人共同承擔的。

四、適合服裝

服裝搭配以方便舒適為原則，顏色盡量以接近大自然的顏色如深綠、黑色、深藍色、棕色為佳，避免太過鮮豔、耀眼之顏色，如白色、大紅色、淺黃色等。因為在原野、森林中，可能顯得非常刺眼而目標顯著，要知道，野生動物都有其生存之本能，不論捕食、避險，其視覺、嗅覺、聽覺多十分敏銳，所以只要有人身著上述不得體的顏色，可能一天下來什麼動物都看不到，因為野生動物早就躲得遠遠的了。

鞋子當然是穿休閒鞋、運動鞋較佳，至少若真遇野獸來襲，也可以跑得快一點。另外隨身的底片、電池務必足夠，在森林中是找不到超商的，若是早上出發或是時值冬季，保暖之衣物更不可少，否則野生動物還沒看到就已經被凍僵了。

五、香水、古龍水

香水、古龍水，以及可能招蜂引蝶的有氣味化妝品最好都別用，原因和前述相同，並且真的可能一路招蜂引蝶，只是招的可能是兇悍的野蜂而不是蜜蜂！

六、禁忌

絕對禁聲，動物的耳朵比我們靈敏得太多了，一點聲響就會讓大夥的遊獵變成老是「見尾不見首」，只見竄逃入樹叢中野獸的背影，而搞不清楚到底是啥個東西。

禁飲（礦泉水無妨）、禁食、禁煙那更是不需贅言的。

七、不要落單

緊跟導遊之腳步，千萬不要一個人落單，除非你想當獅子等動物的晚餐，森林中完全沒有路標，若是脫隊或是迷路將非常危險，就算半途內急，也一定要在導遊許可以及大眾一同行動下方才保險。

若是不幸真的走失了，務必不要走遠，盡可能保存體力並設法保暖，這是求生的不二法門，當然還要設法故意留下明顯的人為標記，指出自己行走的方向，以利前來尋找者之判斷。此外，還要避免暴露自己，以免招致猛獸的攻擊。

八、忌拈花惹草

　　遊獵途中任何花草樹木最好都不要用手去接觸，因爲一朵看起來美麗的小野花、一隻可愛的小昆蟲，均可能含有令人想不到的劇毒，就算不致喪失性命，但是卻可能免不了手腫腳脹、發高燒、頭昏眼花等，所以用鏡頭來留下紀錄還是比較保險的。

九、購買執照

　　打獵、釣魚、抓螃蟹、撿生蠔，一般都需要事先購買執照。執照上會說明你的合法數量是多少，例如說十美元的執照可以釣二條魚、四隻螃蟹、八隻生蠔等，在規定的季節中可以使用，若是沒有買執照則漁獵將可能會被沒收，有些地區還會被罰鍰。

十、保育類動物

　　進行上述活動必須先了解相關保育規定，哪一種魚、多大的尺寸才可以釣，若是種類不確定（可能仍是保育類）或尺寸太小，都必須放生，違者可能違法，那就不是花錢能了事的了。

十一、捕獵工具

　　有些捕獵甚至規定捕獵工具，譬如說有一年美國佛羅里達州的短吻鱷繁衍過盛，州政府宣佈開放獵捕，但是不准用槍械，只可用刀棍繩網類，以免鱷魚大量死亡。

十二、合法打獵

　　在非洲的某些國家是可以合法打獵的，但是也是先由政府公佈，何種動物可以獵，何種為保育類，有些雖非保育類，但是雌性和幼獸也在禁獵之列，以免絕跡。

　　而每一種動物都有公定的標價，例如說獅子一萬美元，水牛八千，瞪羚羊三千等，依據其數量之多寡來分級定價，做為政府之額外稅收。

　　出獵之前也要先選定槍械，因為獵物種類繁多，最好選擇適合的槍械以便臨場發揮最大的功效，如用打大象的獵槍來打捻角羚，就成了「殺雞用牛刀」了。

十三、狩獵前訓練

　　正式狩獵之前先會有兩項訓練，一是槍械及射擊訓練，導遊詳細告知槍械之特性以及使用方式，之後是實彈射擊，上場前得把槍法練好。

　　另外就是動物特性說明。每一種動物之生活習性如何、可能出沒的地區、有無危險性、如何攻擊來犯者等，都做完整之說明，以免臨場慌亂

下發生意外。

　追蹤到目標動物之後，導遊會設法取得最佳狩獵位置。一般都是隱蔽良好而且位處下風處。出槍射擊時嚮導也會在一旁持槍警戒，一旦客人失手時可以補上一槍，以免又得重新帶著客人追蹤個半天，當然事後對外宣佈一定是在客人準確的槍法下獵到的。

　持槍警戒的另一目的則是，萬一動物中槍但只是受傷而未死亡時，是非常危險的，往往會奮不顧身拼命，不但不轉身逃走，反而會衝了過來，此時冷靜的一槍就是生命的保障了。

▲野生動物保護區內，必須嚴守區內規定才不會發生危險。

十四、製成標本

獵殺動物後，一般人都只要虛榮，也就是將獵物製成標本，放在書房中炫耀朋儕。這點狩獵場都是一貫作業，由解剖動物到製成標本，船運或空運送達都是效率極佳的，當然費用也就不低了。

十五、遵守命令

在獵捕過程中緊張而刺激，為避免驚擾到動物，訊息是用手勢來傳達的，如前進、停止、臥倒等。此時必須完全遵守其命令，否則可能招致危險上身。在射擊時也必須冷靜判斷是否真是自己的目標動物後，再決定是否開槍，急忙出槍常常會造成失誤，打錯了動物還好辦，若是把人當成獵物，那事情就鬧大了（這是經常發生的事，有些肇因魯莽的獵手，有些則是因躲在草叢中準備打獵的人未依規定做好識別規定，被後面的人誤認為獵物）。

十六、關起車窗

坐車遊獵時必須關起車窗以免野獸攻擊，若遇狒狒等動物乞食時，也不可開車窗餵食，一來危險，二來文明食物對動物本身並不妥。

十七、不可下車照相

千萬不可下車照相，否則有可能遭受猛獸迅速且無聲息的攻擊。

還記得多年以前我國兩位年輕朋友在南非野生動物保護區內不幸的遭遇嗎？其出事的原因就是行車時遇見獅群，興奮之餘便下車以獅群爲背景照張紀念照，但是照片還沒照完事情就發生了。傷心的母親，以極低的價格賣掉了出事的汽車，默默離開了剛剛才移民的國家，隻身悄悄返回了台灣。

森林驚魂記　　Knowledge

　　在尼泊爾有一種刺激又新鮮的探險方式,出發時間多選在清晨或是黃昏野生動物出現頻率較高時,眾人分乘大象,浩浩蕩蕩地出發,深入叢林中追逐野獸。若追到大型動物如犀牛、老虎、狗熊時,為首的象夫會指揮其他象夫採包圍方式,將動物困在包圍圈內,讓旅客拍照,才將動物放走。

　　在象背上搖擺前行,一方面居高臨下可欣賞森林的景觀;一方面若遇到猛獸時會被猛獸當作大象看待,所以安全無虞。不過在出發前任何營地都會有下列的規定:

◎不可擦香水,以免招蜂引蝶。

◎不可穿鮮紅、黃、白等刺激性顏色的衣服。

◎必須穿長褲、長袖外衣以免被樹枝刮傷。

◎必須保持絕對的安靜,否則動物都被驚嚇跑了。

◎若有物品掉落地面,須立刻告知象夫指揮大象以象鼻撿起,不可自行下　地尋找。

　　另外以徒步的方式進入森林之中,跟著動物的足跡,追蹤野獸,巡獵員可單憑腳印的形狀、大小、新鮮程度,告訴你是什麼動物、公或母的、幾歲、身高以及身長等相關訊息,所用的工具只是路邊唾手可得的茅草。

　　在正式進入森林之前,巡獵員會先將大家集合,逐一說明森林法則:

◎絕對保持安靜。

◎成一路縱隊前進,不可停留,也不可擅入草叢中。

◎嚴禁丟垃圾及煙蒂。

　　在森林中有許多動物自然生長,我們不知牠們的位置及出現時間,所以極有可能意外地與之相遇。一般草食動物如梅花鹿或恆河猴、孔雀等沒有攻擊性的還好,但若遇到犀牛、熊或是老虎,則必須事前告知大家一些方法,心中有點概念以免臨時慌亂、措手不及釀成意外。

◎熊：一般與熊相遇時多是在牠們嚼樹根時，此時所有人必須保持安靜待
　　其離去，若是一直不離去，又有攻擊的前兆時，則大家必須一起盡
　　可能地大聲叫喊，或是頓足，用木棍敲打樹幹等將牠嚇走。

◎犀牛：犀牛平時並不會攻擊人類，但身旁有小犀牛的母犀則變得相當具
　　有攻擊性，應付之道為：躲在樹木之後，讓牠以為你是樹木的一
　　部分（因犀牛是近視眼視力不佳）。如果犀牛衝過來時，找棵較
　　大的樹爬上去（樹木粗細以不易被犀牛撞斷為原則）。如果身邊
　　沒有樹木可供躲藏或攀爬時，則必須以 S 型迂迴逃跑（犀牛一般
　　只會橫衝直撞，不太會轉彎）。

◎老虎：老虎屬夜行動物，一般在白天不易見其行蹤，若「有幸」相遇，
　　只有一種方法：跪下來向上帝禱告，希望上帝來得及救你！

　　有一次我在尼泊爾奇旺地區展開一次午後森林徒步探險，出發之前，大
家也都依照巡獵員的規定穿著，並依規定前進，途中看到了孔雀、野鹿、
犀鳥、恆河猴等動物，也看到了殺樹藤、舞草（一種會無風自舞的罕見植
物）等植物。在該看到的都已看到，而時間也差不多的情形下，巡獵員帶
領大家打道回營。就在離營地只有二十分鐘的小徑上，大家正魚貫前行，
突見為首的巡獵員高舉右手，示意隊伍停止前進，還表示前面不遠處有狀
況發生。我趨前觀察，只見一隻相當巨大的公犀牛，正擋在小徑當中悠哉
地吃著野草。

　　一般情形，犀牛不太會久留，所以商議，大家就靜靜地等牠自行離去，
是等了十分鐘左右仍然沒有離去的跡象，巡獵員只好帶領隊伍繞道而行。
不料我們繞到另一條小徑時，又見剛才那隻犀牛站在路當中吃草，於是我
們只得再等，又等了十分鐘，牠還是沒有離去的意思，這時天色已漸暗，
再不回營只有更加危險，所以巡獵員決定冒險「驅離」犀牛。

　　他們有的拿石頭、有的拿樹塊，躡手躡腳向前潛行接近目標，然後，

一起將手中之物丟向犀牛，不料犀牛不但沒被嚇跑，反而被石塊等激怒，憤而轉身對我們衝了過來，這時大夥仍不明就裡地在後面等待，只見三位巡獵員沒命地往回跑，後方十公尺處緊跟著一隻龐大的犀牛，巡獵員一面跑，一面大聲叫喊：「RUN！RUN！」大夥一看此情景，驚嚇之餘拔腳就跑，一時之間眾人向四面八方狂奔做鳥獸散，並不時傳來尖叫聲—沒有一人依照出發前說過的避險方式，包括三名巡獵員在內！

Knowledge

紅燈區之禮儀

妓女，人類有史以來最古老的行業，似乎從來沒有消失過，國內、國外都一樣，古代、現代沒有分別，形式或許不同，交易性質則相同。

既然是無法禁止的事情，與其讓它淪為地下化，四處為害、侵擾居民，倒不如劃地設限，既便於集中管理，也避免良家婦女走在街上還要無端地受人騷擾。據聞馬英九曾謂「美國是假君子，歐洲是真小人」，良有以也。

有些旅行團會入境隨俗，到紅燈區純觀光一番，有些事項宜先有心理準備：

紅燈區原則上是不准對妓女攝影，這倒不是法律的規定，而是出於妓女們的反對，她們可不願觀光客把她們當成動物園裡的動物般肆意拍照，有損其尊嚴。

特種女郎不准裸露身體，最少也得穿一件比基尼泳裝，但有時女郎見警察不在場時，亦有偷露一下以攬客的情形發生。

觀光客至歐洲大都在晚上會集體「參觀」紅燈區，但是不要指指點點、掩口竊笑，不太禮貌。有些區域是不准女性進入的，女士最好別硬闖，以免遭到羞辱，而且是來自妓女的羞辱，更是令人十分不堪。

紅燈區之名來自各個妓女戶門口均有一盞紅燈，紅燈亮起，窗簾拉上，表示正有尋芳客在尋歡作樂，否則則可見女郎頻向過往男客送秋波，希望能吸引顧客上門。也有些舞步輕盈不斷隨著音樂的節拍擺動身

體，也有的淺斟低唱顧盼自得。

　　紅燈區一般是龍蛇雜處之地、毒販、扒手、吉普賽人充斥，有些還有酒鬼加上乞丐，直如電影上所見場景，甚至還更加精彩，所以注意自己的荷包以免遭殃。還有人前來兜售非法物品，應即離去，避免因好奇而不易脫身。另外在此地換黑市美金也是相當危險的，最好莫爲之。

　　紅燈區附近亦有可能有不少的性商店，販賣成人用的情趣商品，可以入內參觀無妨，增長一點見聞，但是依我國法律，其中商品大多數是違法的，若購返國內，可能會遭海關沒收，最好考慮清楚。

　　若遇阻街女郎搭訕，最好是謝謝她的好意隨即離去，若存心吃豆腐或好奇心過盛，則亦可能遭其無禮之回應，甚至在無警覺心的情況下慘遭設計洗劫。

　　在拉斯維加斯常可見女郎開著敞篷跑車沿路攬客，如雙方合意，則上女郎之香車奔向他方，不過經常傳出豔遇不成反遭乾洗之事，夏威夷著名的威基基海灘在傍晚時，類似的傳聞也是屢聞不鮮。

滑雪場之禮儀

　　台灣位於亞熱帶，氣候溫和炎熱，雖值寒冬時節，亦至多是寒雨綿綿、冷風颼颼而已，不像高緯度的韓國、日本等，經常是大雪紛飛，銀色世界成了隆冬的代名詞。

　　也因為台灣沒有雪地的環境，所以不少雪上活動對我們來說都是十分新鮮而陌生的，不像韓、日、美、加等國，尋常百姓從小就開始學習滑雪，而多天最受歡迎的活動大概也是滑雪和溜冰了。所以該國百姓除了長於滑雪外，一般人對滑雪場的規定也知之甚詳，下列是我們在滑雪時必須注意的事項：

一、滑雪時的裝備

　　滑雪時裝備必須齊全，否則不但容易感冒、凍傷，亦可能導致受傷。帽子、雪衣、太陽眼鏡、毛襪、手套、圍巾、高筒休閒鞋可以說是缺一不可，出門前最好再檢查一遍，否則在滑雪場現場購買是相當貴的。

二、選擇滑雪裝備

　　滑雪時首先挑選雪鞋，依據各人之雙腳尺寸選擇一雙最合腳之雪鞋，再依雪鞋和各人身高選擇滑雪板，而滑雪板上之螺絲則是依據各人體重來調整的。在滑雪之前務必穿著最合適的滑雪用具才安全，不可輕忽。

三、避免撞到鄰人

手執滑雪棍、肩扛滑雪板進出行進時，必須注意與他人保持一定距離，並且避免突然轉身，以免撞到鄰近之人。

四、滑雪課程

初次滑雪者須先上滑雪課程，教練會要求眾人一字排開，先說明各種滑雪用具之功能和使用方式，然後教導大家「螃蟹行」，這是因為腳著滑雪板時是不方便直行的，所以前進時一律側身橫跨，反而比較好走。

最後則是教大家如何「跌倒」，這是非常重要的一項技巧，因為初學者經常無法控制滑雪板，所以常有一面尖聲驚叫，一面任滑雪板往前衝而不知所措，教練教的就是在此時之應變方法：跌倒，首先是盡量降低身體之重心，也就是盡可能地蹲低身體，然後伺機向身體之一側傾跌，以達到安全跌倒的效果，從而使滑雪板停止下來。

五、滑雪盆

初學者最好在平地滑雪較安全，若沒有把握或年齡還小，則可以選擇替代活動－滑雪盆來代替，遊客坐在滑雪盆由中高處順坡溜下，最後撞在低處的一排廢輪胎牆上，絕對安全，也有雪地奔馳的快感。

六、滑雪道

一般以其難易的程度來分級，愈是困難的滑雪道坡度愈陡，危險性也相對增高，除非是經驗豐富的老手，一般人不宜貿然嘗試。

七、警戒旗

滑雪道旁均插有紅色警戒旗，千萬不要超過紅旗，因為紅旗內的區域是經過安全人員每日檢查確定過的，所以安全無虞。但是紅旗外之區域則經常暗藏凶險，雪地表面上看起來可能平坦踏實，但是實則中有空隙，一不小心整個人都可能掉落山谷，非常危險。

八、虛擬實境

不會或不敢到滑坡道滑雪亦無妨，有些滑雪場附近設有虛擬實境之小型車廂型電影院，進入其中先繫上安全帶，然後在世界滑雪冠軍的帶領下，開始虛擬實境地體驗高速滑雪之刺激，隨著銀幕景物之變化，和配合得天衣無縫之故意搖晃，讓人視覺、觸覺體會到與真實高速滑雪一般的經驗與快感，除了孕婦、突發性疾病患者外，這是毫無危險的。

觀光洞穴之禮儀

　　洞穴內參觀活動多與奇岩怪石、特殊生態、風俗、藝術等相關。比較知名的如鐘乳石洞穴，在琉球、韓國、南非、美國華盛頓特區及桂林等都有，也多是一般遊客必至之地；其他如紐西蘭北島之螢火蟲洞、印尼蘇拉威西之穴葬墓地等，也是名聞遐邇、不可錯過之地。

　　在洞穴中由於地形封閉，空間狹小，所以規定十分嚴格，一來可以保障入內參觀之安全與健康，另外也可以維持洞內之原來面貌，不致因過多的遊客破壞其面貌與生態。

一、入內人數

　　多數洞穴都有人數管制規定，除了嚴格規定其內人數最高限制之外，有些另規定必須由受過訓練了解洞內地形之導遊人員來導覽，一方面安全無虞，一方面可即時制止遊客的違規行為，如用閃光燈、動手觸摸等。

　　另有一些則規定一天參觀人數的上限，除了必須事先預約外，若是名額已滿則只能往隔日順延，這是為了怕太多的人製造了過多的二氧化碳以及廢氣，對洞內生態有不良之影響。

二、禁制

　　洞穴內禁飲、禁食、禁煙是眾所皆知的規定事項，有些則禁止大聲說話，交談時用低音、耳語，連導遊在說明時也是盡可能放低音量，將驚擾程度降至最低，此外不可用手觸摸任何特殊的禁觸物，如鐘乳石、螢火蟲群聚地、壁畫、雕刻等，以免造成不可彌補的結果。當然，閃光燈也是完全禁止使用的。

三、照明設備

　　洞穴內照明設備都是以維持最低照明要求而規劃的，若是視力不佳者則以自備手電筒幫助照明尋路為佳。洞穴內經常溼滑，所以除了宜穿平底休閒鞋外，移動步伐也最好小心謹慎，以免滑倒。畫有紅色警戒線或是安全柵欄以外地區，千萬不可越過，否則後果難料。

四、洗手間

　　洞穴內一般多無洗手間設備，所以若參觀時間較長，不妨在入內之前等候之時就先行解決。例如說，攀爬埃及金字塔內時，由於塔內之走道當初之設計只是為了把法老王之棺木送往金字塔中央之用，而非提供後世觀光客參觀，所以不但坡度陡峭，而且都是單行道，既已攀登就不容回頭，必須要一直爬到放置棺木的石室內時方得迴身。往下爬回地表時也是一人接著一人地非常辛苦，洞中氣味則五味雜陳，有薰人的汗臭

味、體味，以及千年封閉產生的霉味，當然在其中是又溼又悶熱，所以不論任何人在爬完金字塔，站在洞穴口面對攝氏四十度的室外高溫時，都會如釋重負地嘆道：「真是清涼舒適啊！」

五、通道狹窄

有些洞穴內的通道非常狹窄，穿越時除了須考慮個人之體型身材不可硬闖外，在穿越時要注意頭部以免碰壁。若是動作較緩慢之人，則請禮讓身手矯健之人先行。還有一些分支洞穴並無導遊率領導覽，可視時間、情況自由前訪，但是務必讓導遊知情，而且不要單獨前往。

六、特殊疾病者不宜進入

有高血壓、心臟病、氣喘病等之特殊疾病者，是可以進入某些洞穴內參觀的，但不宜深入，應視自己的身體狀況量力而為，否則萬一出問題，急救人員是不太容易迅速抵達的。

騎大象、駱駝、馬之禮儀

在野生動物保護區，由於並無正常道路，所以經常須用大象當作交通工具，而像沙漠、草原則有時會安排騎駱駝或馬，而其中的注意事項：

一、騎大象

◎騎象時由於高度高，上下象背必須小心避免踩空、絆倒，也不可在象背上換座位。

◎不論男女均以雙腿分開卡住木柱方式乘坐最安全，否則在大象奔跑時有可能會由座位上溜下象背摔下地來。

◎相機、望遠鏡、帽子等必須繫掛好，若不慎掉落可請象夫命大象用象鼻撿起。

◎女士避擦香水以免招蜂引蝶揮趕不去，一路尾隨到底，十分討厭。
上下大象時較不方便，女性最好穿長褲，不但可以保護腿部，也比較方便，不宜穿著裙裝。

◎若有象架時，則上下比較沒問題，但沒有此設備時則必須用象頭上、象尾上等方式騎大象了，技術不好者，還需他人協助方可上得去。

◎象背上最好不要換座位，若真的要換也要通知象夫，先將大象暫停，換好位置後再繼續前進。

二、騎駱駝

◎騎駱駝時，蹲臥的駱駝起身時，會先向後傾斜然後再向前傾，所以上去以後先抓住駝鞍比較穩當。

◎駱駝會欺生，站在原地不走，此時最好通知駝夫威脅其就範，不要自己用韁繩驅趕之，否則可能招致駱駝的轉頭惡意地噴口沫對付。

◎駱駝奔走時比大象更不穩，所以相機、背包、太陽眼鏡都得盡快抓好以免滑落。

◎騎完駱駝後，駝夫都會要求小費，此時可以告知下了駱駝後再給他，免得在駱駝上給過後嫌少，若不再給，駝夫又會故意不命令駱駝蹲下，以致無法下駝來。

三、騎馬

　　騎馬比較簡單，但要避免上馬時還沒坐穩馬就走動，如此可能摔下來。坐在馬上時須保持身體平衡，並不時調整重心以取得最佳騎乘姿勢。

　　一般提供旅客騎的馬多是非常馴服的馬匹，只要學會幾個基本的口令和動作，如停止、前進，再學會用韁繩控制其左右轉等即已夠用，簡單易學，又可享受駕馭的快感。

觀光旅行團

由於國人的旅遊習慣、外語能力的限制,以及經費方面的考慮,觀光旅行團從開放觀光至今均是出國旅遊最普遍的方式。

既然參加的是旅行「團」,就有不少團隊行動的限制,也有團體生活的基本規定,其作用是在於讓團體中的每一分子都能相處得更和諧更融洽,以使旅程成為大家共同的美好回憶。

一、切勿遲到

遲到往往是團體氣氛不佳的一項重要因素,只要是一人遲到,必造成眾人陪著罰站的情形,如果領隊本身再無法處理解決,今天甲遲到,明天乙忘了集合時間,如此保證怨聲橫生,團中的氣氛一定好不起來。

原則上在集合前五分鐘最好就已在集合點附近了,而不是時間到了再猛向集合點衝鋒,如此不但易發生危險,而且也保證會遲到。大家都知道,遲到是有習慣性以及感染性的,所以只要團體中一有人有此惡習,必須立即要求其改進,否則為了眾人著想,必須訂下罰則以儆效尤。

二、尊重宣佈者及導遊

無論在車上、船上、飛機上,只要有人在廣播說話,所有在場的人都必須暫停進行中之交談與動作,待說話完畢後再繼續暫停之活動。

　　在國外參觀時，若有當地導遊之導覽解說時，也是須比照遵循，若導遊人員口沫橫飛地盡力講解，團員卻在各說各話，各行其是，則導遊必定心生挫折，最後可能只是稍微解說就敷衍完事了，如此不但對導遊是一種不尊重，對團員也是一種損失。所以必須養成習慣，只要有人開口，立刻停止手邊的活動，面向聲音來源處，側耳傾聽，表現出適度的尊重吧！

三、基本禮貌

　　不論是團員之間彼此相處，或是對服務人員，如駕駛員、行李員、房間服務人員，甚至對陌生人，都最好表現出友善與基本之禮貌，「請」、「謝謝」、「對不起」等用語常掛嘴邊，如此只會贏得他人之尊重與相對的禮貌回應。

四、財物

　　團員來自四面八方，背景各異，品性難測，因此個人之財物最好自行保管妥當，謹記財不露白，一方面不讓人有可乘之機，另一方面也避免誘人犯罪。

五、尊重私生活

我國已是一個非常開放的社會，所以個人行為只要不影響他人，都最好予以適度尊重，尤其是個人之私德。例如常有已婚男士攜女友共同渡假，或是未婚男女朋友同旅共遊時，都不宜投以異樣眼神，更不可話中帶刺或以言語暗諷，否則豈不成了三姑六婆之流了？

六、個人清潔

由於是團體生活，所以必須注意個人之服裝儀容以及清潔衛生。服裝搭配、化妝打扮固然屬個人之習慣與水準不可強求，但是基本之整潔卻是可以也是必須做到的，每日淋浴更衣自不在話下，頭髮、鬍鬚等更是不可輕忽，若是不修邊幅，邋邋遢遢，是會令人避而遠之的，無形中也孤立了自己，受人厭惡而不自知。

七、從眾合群

既是團體，自會有團體一起的活動與行動，除非有特別原因，最好能與大家一致行動，如此不僅可享團體活動樂趣，也不致變成掃興之人。

八、休戚與共，息息相關

若在團體中有任何人發生事情都必須發揮人溺己溺的精神加以援助，不可一副事不關己狀，而袖手旁觀。

九、個人言行

注意個人之言行舉止，說話最好看場合，例如，有女士、幼童在場時就應避免黃色笑話，說話的音量與手勢也不宜誇張，予人不良之印象。

十、座位

有些團體用輪流方式，公平是公平，只是實在是滿麻煩的，不妨發揮我國敬老尊賢之傳統美德，禮讓年紀大、行動不便之團員坐在前排，以利其上下車。

迷信迷信何其多　Knowledge

　　只要有人的地方就有迷信，此話誠然不假，甚至科學昌明的今日，我們到國外旅遊時，稍加注意即可發現迷信是無處無之，有些甚至彼此流傳，分不清到底是哪一國的迷信了。

　　西洋婦女在烤麵包時會先對著麵團畫十字，以免其中的精靈作崇讓麵包發不起來；切麵包時也只能由一端切開，如果兩端都切開，裡面的精靈會飛出來弄得家中天下大亂。

　　餐桌上絕對不可同時坐十三人，否則必有災禍降臨。這是源自耶穌的最後晚餐，餐後他就被猶大出賣，最後被釘上十字架，而猶大事後懊悔不已，也自殺身亡。

　　在路上行走不可穿越梯子底下，必須繞梯而行，否則必遭厄運，據信此迷信與古代的絞刑架有關，犯人都是先由梯子爬上絞刑台，再被推下來絞死的。馬爾他島的教堂上都有兩個時鐘，一個時間是對的，另一個是錯的，錯的那一個是用來欺騙魔鬼的，以讓他們搞不清楚到底教堂幾點才做禮拜。日本人拿梳子時，絕不把梳齒對著自己，以免不吉利；早上如果殺死一隻蜘蛛，則等於殺了一個人的靈魂。

　　其他的迷信還有不可在室內撐傘、不可向背後撒鹽、不可用有裂痕的玻璃杯飲酒等。

　　迷信總是有人信，有人不信，每當有人不屑地譏笑他人迷信時，迷信者多會振振有辭地回道：「那麼請問你，阿波羅十三號太空船升空時的意外事件又怎麼說呢？」

舞會之禮儀

　　社交場合中，舞會向來是不可或缺的一項活動，雖然目前社交活動種類已比以前多了許多，但在國外社交中舞會仍是十分流行且受歡迎的。

　　參加舞會如屬用餐與跳舞一起者稱為Dinner Party，Dinner Party一般比較正式，無論是場合、服裝、舞步等都需相當注意。在聚會中也可以跳舞者Dancing Party，此種舞會比較不拘形式，規模較小及人數較少，多半是私下好友相約聚會，順便跳舞歡娛一番，另外比較正式一點的就是Ball了，此為正式社交之一種，集酒會、餐會、舞會於一起，所有與會人員一律著正式禮服，珠光寶氣，極盡打扮與炫耀之能事，而且均是極早通知，準備週全的。

　　下列是有關正式舞會中之一些禮儀：

開舞

　　原則上是女主人與男主賓，男主人與女主賓一起共同開舞，一曲舞畢其他賓客才會陸續入場。如果沒有男主賓，則女主人可邀請年紀最大或是社會地位最高的男賓一起開舞，要不就是男女主人一同開舞亦可。

舞伴

　　一般女士前往正式舞會多會有舞伴同行，也就是護花使者，而舞伴的責任就是接送女伴，照顧女伴，與女伴共舞，至少在第一支與最後一支

舞時必須與自己的女伴共舞，其他如陪同女伴聊天，幫忙拿取冷飲等均是舞伴的責任。若男方未攜伴時可以邀請在場之女士共舞，但是首先必須取得女方舞伴或是父母親之同意才可邀請。女士在男士邀請時禮貌上不應拒絕，如果感覺不好，則在下一次邀舞可以藉故如累了、要去洗手間等委婉拒絕之。

有些舞會在途中會安排團體舞，如鴨子舞等以帶動氣氛增加歡娛，此時之燈光會大亮，音樂會轉換，負責示範帶動者也會登台。如果有此情形必須從眾共舞，不可以不加搭理自己仍然與舞伴共舞，如此將格格不入相當讓人側目。

攜伴入舞池時，男伴應以手勢指引女伴前行入池，女先男後，待女士選定位置後再相擁共舞，不可以如國內男士帶領女士入場之情形。一支（或兩支）舞畢，除非女方有表示，否則男士應護送女伴返回原坐位，並向其及其舞伴或父母親表示謝意。

在國外，男子邀別人女伴共舞之情形很普遍，男士此時應保持風度，把機會讓給別人，不可以強行護花不讓，使對方尷尬。也不可以稍後再上前將女伴搶回來，要知道這是社交場合，風度至為重要。

如果主人宣佈交換舞伴，這是社交場合中常使用之半強迫之方式達到社交之目的之手段，自當從眾交換，不可堅持不換，讓主人不好安排。當然舞會之種類繁多，如生日舞會、結婚舞會、畢業舞會、家庭舞會等，應視其情穿著適當之服裝前往。

若有樂隊伴奏，在每一階段演奏完後，無論男女應面向樂隊鼓掌，表示謝意。

拍照與攝影之禮貌

出國旅遊或是洽公，總會攜帶照像機，攝影機等之器材以為自己及所會到的地方，景點留下個人的紀錄。也因此我們可以在每一個吸引人的觀光景點人手一機的到處拍照留念、拍照是很好，但是有一些相關禮節都不可不知，下列就是我們經常容易忽略之地方。

勿逕自穿越攝影者與被拍攝者之間：當我們看見有人手執照像機或攝影機擬拍攝人物或是景物時，最好是在其拍攝範圍外稍事等候，待其拍攝完成後再行通過，如果該攝影者仍在取景中或是動作實在太慢時，則可以先用口頭致歉，如Excuse me!再行快速通過，千萬不要一聲不吭的直接走過，如果此時攝影者剛好按下快門豈不懊惱？這一基本禮貌人盡皆知，可是仍然有一些國家的人民在這種情況下仍會大剌剌的穿來穿去粗魯無禮令人厭惡。

安全第一

在車上拍照或攝影時，應該盡量保持坐姿，以免車子突然剎車而發生危險，在歐美國家多有規定，如果有乘客在車行途中站立而不聽制止時，司機是有權可以將車停下拒絕繼續開車的，此外在司機與第一排乘客中間有些會劃有一條白線，註明在車行當中任何乘客都不可以超過這條禁止線，所以就算要搶鏡頭也必須遵守規定，以免發生危險。

此外在某一些有危險性的觀光景點，如海岸邊、水庫邊、峽谷邊、溪

流邊、吊橋邊等，爲了顧及旅客可能會因取景而忽略了自身的安全，因此也會有明顯的欄杆或障礙物加以限制，此時就算沒有工作人員在場維持秩序，也應自我控制，不可擅自闖過欄杆，因爲除了表示尊重規定，避免危險才是旅途中最重要的事啊！有一句廣告詞說的很好：安全才是回家最快的路。

教堂內

一般都可以拍照，但是若見有信徒在沉思、禱告時則應儘量避免打擾，尤其須注意保持安靜，教堂是一個非常莊嚴的場所。

清真寺

規定不一，如果正逢其每日朝拜時間是不准入內的，其餘時間只要依規定洗手脫襪保持安靜是可以入內並拍照的，但是也應如教堂內之禮節一般避免打擾其他人。

佛廟

每個地區規定不一，有些全面禁止拍照，有些則規定某些佛像不可拍攝，有些則可以，如果要拍攝僧侶時必須徵求其同再拍。

印度廟

一般規定較鬆，但是列為主要廟宇者異教徒是不得入內的，因為異教徒多有食牛肉，有些印度廟則規定只要把皮鞋（牛皮做的）脫在廟門外即可入內。在印度廟內常有印度僧在內，照像前最好先徵求同意，如果對方要求收費也宜先詢問清楚，以免橫生糾紛。

夜總會

著名的夜總會如巴黎的麗都、紅磨坊等多不准顧客拍照，一方面怕其佈景、服裝、擺設、節目內容被他人抄襲；一方面怕閃光燈影響演出，甚至造成危險，但為滿足顧客，現場多有CD、VCD以及劇照等出售。

劇院

無論是歌劇院、音樂劇院、舞台劇院，大多是嚴禁拍照、攝影、錄音的。這是為了一方面保證演出品質外，一方面則是為了著作權之保護。

觀光景點

博物館、美術館、皇宮內，原則上是不准用閃光燈拍照以免造成藝術品之損害，但是有些則規定可以用高感度底片拍照、攝影，但是可能要收一些費用，如照像機十元美金、攝影機五十元美金等不一而足。

紅燈區

可能是雖然身爲特種營業的女郎，但是羞恥之心人皆有之，所以在大多數紅燈區都不准拍攝妓女本人的，如果要拍一些外觀，招牌則是可以的，至於成人秀現場當然也是不准拍照的，以免影響演出者之情緒。

動物園及野生動物保護區

可以拍照、攝影，但是在晚上是不准用閃光燈的，以免野生動物受到驚嚇。

以上所舉不過是犖犖大者，當我們在別人的地方旅行參觀時必須依其規定而行，若無明確之規定，那就先問問管理人員吧！

商業拍照

在展覽會、產品交流會、發表會等商業場所時，主辦單位多會安排拍照與攝影人員之座位與區域以方便其拍攝，此時應注意避免拍攝時搶鏡頭而影響其他人拍攝，一般多會有足夠時間供拍照用，所以不必急，先拍完者也應將較佳之拍攝點讓出給其他拍攝人員，曾經有發生過因爲搶拍鏡頭而引發肢體衝突者，讓主辦單位十分難堪，此點尤應注意避免。

拍攝產品，尤其是新產品時一定要徵求相關人員之同意後方才爲之，以免有商業間諜的嫌疑。我曾經率團前往德國某一化學公司訪問、參觀一些最新的污水環保機具，該公司規定嚴禁拍照、攝照、素描，甚至以心算方式記錄其水流與機器轉速表時都遭禁止，其嚴格可見一般。

其他禁制：

☆中東國家

　　嚴禁拍攝女子照片，曾經有一個團體在遊覽車行途中，由車內之窗口向外拍攝車旁之蒙面女子，結果遭人檢舉，沒有一會兒就遭警車攔阻整車被帶往警察局盤詰，最後在九名團員交出底片，團長具結保證後不再犯後方才得以離去。

☆軍事管制

　　如機場、碼頭、陣地、軍營等一律嚴禁攝影，若有人擅自拍攝，可能就不是交出底片可以了事的，甚至有可能被懷疑是敵方間諜。

☆機場、碼頭安全檢查區

　　當我們在機場搭機前多會有X光檢查旅客隨身物品以及身體，查察是否攜有違禁品，如槍枝彈藥、毒品等，這是非常重要的安全檢查，所以都令嚴禁拍照，以免其流程，用X光機型等被有心人所記錄並設法破解，造成安全上一大漏洞。

小費禮儀

　　自從國人開始大量出國後，已經慢慢了解國外之付給小費之習慣了，由於我國一向無小費文化，所以經過了多年的學習與實際經歷後，已能大致掌握付小費之時機與付小費多寡之學問了。

　　所謂小費就是付給服務人員之額外金額，主要是為了表達對服務人員服務之感謝之實質回饋，因為眾所週知，一般服務人員服務之薪資多不會很高，其另一項重要收入就是來自客人的小費收入。而接受服務的人也深深知道這一點，只要服務有基本的水準，一般多會付給適度之小費表達謝意，如果有些服務人員的服務特別好，那理論上他可獲得的小費應當也是較多的，而服務如果真的不好，那就有可能小費較正常為低，甚至小費有掛零的可能，服務人員自知理虧，也心裡有數不會吭聲。

　　有一次我在荷蘭大城阿姆斯特丹參加當地非常著名的「玻璃船」遊河之旅，由於河道狹窄，駕駛小心翼翼的駕船巡弋，但是這在快要返回出發點時，因為船隻轉彎角度過大而突然撞上岸邊之廢輪胎護欄，一時間眾人東倒西歪亂成一團，還好因為大家都坐在座位上，所以並無人受傷，可是已經讓眾人飽受驚嚇了，下船時我走在最後，看了一看放在駕駛座旁之小費籃，裡面自然空空如也，駕駛面有慚色獨自佇立在碼頭一再向下船的乘客表達歉意。

　　還有一次我在法國與瑞士邊渡假小鎮夏夢妮渡假，有一天晚上在餐廳用餐，發現裡面鬧哄哄的很是熱鬧。原來是來了一群美國觀光客，其

中有一位老太太當天剛好過生日，餐廳服務人員知道後，不但贈送一個小蛋糕，而且大廳服務生全體繞著她，用法語唱生日歌為其祝賀，之後又由四位男生共同執一塊大型方巾平舖在老太太頭上，然後四個人各自手執方巾之一角，繞著老太太唱著也祝賀的民謠，不但壽星本人樂不可支，其他團員以及正在用餐者也都共同沉浸在歡樂的氣氛當中。我想這位美國太太大概一輩子也忘不了這一次生日吧？當然她一樂之下出手就是一百美金的小費。

　　由以上兩個例子可以說明，小費的付給是一種禮貌沒錯，但是也因服務之品質而加分或是扣分。當然如果正常服務，一般人都會心甘情願付不誤的。以下是有關小費的一些相關事項。

付給之金額

　　一般來說都是付給消費金額的百分之十至十五之間，如果剛好沒有零錢，多一點少一些都是沒有關係的。

付給之方式

　　當你消費完畢後，如果使用信用卡，可以在其卡單上註明小費若干即可。如果付現，則待找回零錢後可以再由其中取出若干當做小費付給服務人員，一般在餐廳或是酒吧消費時，多是將小費留在桌面上由負責服務之人員自行取走的。

　　在歐美國家小費行之有年，人人習以為常，即便是餐廳招待旅行團之司機、領隊免費用餐，但是他們用餐完畢後也多會在桌上留下小費，因為他們本身身為服務人員，了解小費禮儀，深知這是餐廳服務人員之應得收入，而不是給餐廳的。

該付給誰

　　只要是對客人直接服務的人理應付給小費表達謝意，如遊覽車司機、導遊、行李服務生、房間清潔人員、計程車司機、餐廳服務生、美容、美髮師、高爾夫桿弟、按摩師、飯店大廳服務生（如果有服務、如代為叫計程車等）、電影院或劇院帶位人員、酒吧酒保、網球及高爾夫球陪打人員、俱樂部樂隊（如果有點歌的話）、洗手間、特種營業女郎。

其他

　　如果在餐廳用餐時有點酒類或其他飲料時，小費是可以減少甚至不付的，這是因為細心的顧客會發現服務人員在收費時，餐費是餐廳會計人員收，而飲料費則是服務人員收的，因為這是給該服務人員之個人收入的。付給服務人員小費可以留下桌面，也可以直接交到服務人員手中，也可以放在服務人員身旁之碟子裡或是籃子裡。在飯店房間內則一般是放在床舖上，不要放在床邊之斗櫃或是桌子上，如此服務人員可能會誤以為是客人不小心忘在桌子上的零錢而不敢去拿。

不必付小費的情形

　　有些人員雖然對你有服務，但是由於他們是針對不特定人士服務的，所以無需付給小費，如大眾運輸駕駛人員、警察、飛機空服員、服務台人員、餐廳之廚師、郵局服務人員……等等，雖有服務但只需稱謝即可，這不需要付任何小費的。

公共場所讓人厭惡的動作

　　我們在公共場所以及聚會時，會不知不覺犯了社交時之忌諱動作，這些動作會在不知不覺中出現，做的人似乎並未察覺，其他在場人士卻以對此人之印象大大折扣，這對於增進個人之人際關係是有非常不良之影響。避免犯這些不雅習慣之方法就是隨時注意，當然最佳的方法還是養成良好習慣，不管是個人獨處或是與人相聚時。以下就是在公共場所常常可見令人厭惡的動作：

◎剔牙不掩口

◎挖耳朵、鼻孔、指甲

◎抓頭髮、抓癢

◎坐時腳不停抖動甚至造成桌椅振動

◎神情憂愁、沒事唉聲嘆氣、皺眉

◎打呵欠不掩口甚至發出怪聲

◎旁若無人剪指甲

◎口中發出吸牙齒聲聲或嘖嘖聲

◎高聲談笑、打行動電話

◎說黃色笑話、諷刺其他人民之笑話

◎擅自使用他人之用具，未經徵詢

◎走路拖泥帶水、鞋跟踢踏作響

◎搶他人話題、粗魯轉變他人話題

◎自以為是，極度自我主義、他人論點均非

◎當眾指責他人之謬誤、讓人難堪

◎太過注視女性身體某些部位

◎打嗝、放屁

◎無事轉動頭、扭動身軀、指壓身體旁若無人

◎以方言或少數人了解之語言逕行對話

◎太過謙卑、凡事唯唯諾諾、完全無主見

◎阿諛式的附和他人言論

◎東西用畢不歸位、隨手放置

◎亂打名人牌(Name Dropper)，有意無意間都表示跟自己非常熟

◎炫耀財富、名牌、名車、豪宅

◎炫耀專業知識、強轉話題入自己擅長之領域

◎粗話、髒話、性暗示之話語應避免使用

◎以餐巾擦拭口紅、皮包、皮鞋等

◎發出不當聲響、如拉椅子、桌子、碰倒物品等

◎整個身體全靠在椅子上、沙發上，所謂坐沒坐像，站沒站像

◎目光游移不定、四處搜尋目標、尤其是與人交談時

◎詢問私人事情、如身材、傷疤、氣色、白髮

◎詢問他人職業、住所、職位、薪資、婚姻

◎交談時不待他人回答完畢即轉入下一問題

◎彎腰駝背、侷促不安

◎扳手指、抚手指關結喀喀作響

◎談話速度太急促、表情太誇張、無事大驚小怪

◎忌言語內容太空泛、只是辭藻之堆砌、毫無意義或是大多專有名詞使
　他人難意會

◎無事皺眉、不屑、眨眼、擠眉弄眼

◎無事摸耳、摸鼻、摸東摸西、十分不莊重

◎服裝不清潔、或皺痕太多

◎身體有異味加以處理遮掩

◎交談時以手碰觸他人身體、如拍肩、拉手等

◎交談時未保持最基本之距離

◎避免一直直視對方眼睛

◎表情厭煩、冷漠、蔑視不屑、應付之態度

百貨公司之禮儀

在國外旅行購物也是一種樂趣，在高級精品店及百貨公司中瀏覽，欣賞精美的貨品固然有其樂趣；在路邊攤撿撿便宜，視情況殺價，你來我往的，也是蠻愉快的經驗。當然在其此時也有一些必須注意的事項與不可不知的基本常識。

退稅

一般簡稱VAT（Value added Tax）也就是貨物的附加稅。例如說一條領帶價格十美元，外加百分之十五之附加稅就變成總價十一塊半美元了。但由於旅客是外國藉，依法可以優惠不必納稅，所以可以憑護照以及加蓋店章且塡妥之退稅單退回附加在貨物上之後。但是原則上必須超過一定金額才可優惠，大的是總金額在新台幣二、三千元以上，在同一家商店購買者可以據以退稅。

至於退稅的方式則是五花八門，如歐盟國家在結盟國區域之最後一國離境時辦理，退稅時必須出示護照、退稅單，所購之所有物品這一點各國之海關寬鬆不一，嚴格如德國者今仍細核對每一項物品。並確定是由一人購買，而不是大家七拼八湊者方才會，再至旁邊之銀行退稅，退稅時可以要求退歐盟之任一貨幣，當然也可以要求退回美金。比較鬆的國家可能只會象徵性的抽撿當中一兩樣就過關了，可能海關心想退的又不

只是自己所屬國的稅而以，所以也就相對地大方了。

　　由於有可能被要求檢查所的貨物，所以在購買時最好三思，太大件、太笨重者都會讓你吃夠苦頭。有些國家則是規定必須在離境後，再依規定逐境填妥退稅表格，並附上所有的收據，再由外國寄回去，然後經過仔細審核無誤後，該國政府會寄還旅客一張退稅支票，曠日費時，一來一去最少幾個月的時間。有些國家則根本不退稅。

退稅項目

　　並非所有項目都可以退稅的，基本上購買物品才可享退稅優惠，其他如租車、用餐、車票、加油等一般是在退稅範圍之外的。

免稅店

　　千萬不要被這幾個字表面的字義所迷惑，所謂的免稅，也不過是，煙、酒、化妝品等，有些連化妝品也不是，可說是打著免稅店的招牌吸引無數的直愣愣的旅客進入消費，煙酒雖免稅但每國都有嚴格的限制，想要多買都不可能，在於其他的商品，則是品質不錯但價格也相當的高，可是不少人心想，既然是免稅店，應該怎麼都不會吃虧吧？事實上只要看一看免稅店中有幾個洋人心中應可以明白個大半。

　　所以，不論是巴黎的香水店、泰國的精品店，還是韓國的專賣店，擠來擠去的也只是日本人、韓國人、大陸人以及台灣同胞而已。

至於機場免稅店，更是不知何以多之了，雖說是免稅，還必須有登機證，但價位可就貴得不知如果加了稅後會是那一國的天價了。更有意思的是，同一件物品，在兩、三個店中就可能有兩、三個不同的免稅價。

竊物

有不少商店及百貨公司由於監視人手不足，都會在貨品內暗藏會引發警鈴的金屬條，有些順手牽羊之徒自以為神不知鬼不覺，偷藏在包包中夾帶離去，結果一到大門口立刻警鈴大作，人贓俱獲，不是被罰物品好幾倍的罰金，說不定還得上警察局走上一遭，可以說是丟人又丟財。

有一位立法委員的夫人去美西旅遊時，也是發生了上述這種尷尬的場面，美國人可不管你先生是什麼委員不委員的，仔細搜察下竟然搜出了十幾件的未付款化妝品、口紅、香水、乳液等應有盡有，最後還是領隊出面，偽稱該女士「忘記」付帳才發生憾事，這個搪塞的理由也被店家接受，不過錢還是照罰。

收據

先進國家幾乎所有物品均會開收據，儘管有些只是幾排簡單的阿拉伯數字，這些收據非常重要，不要隨手亂丟，因為一來可以當做已付費的憑證；再者萬一貨品有瑕疵也可持以要求更換，還有就是有些國家必須憑以辦理退稅，遺失了收據就只有自認損失了。

水果攤、超市之禮儀

西洋有句諺語：不要讓我抓到你在捏我的桃子，蓋桃子被捏過以後會傷痕累累，賣不出去而報銷了，所以雖未遭竊而與被盜無異。由此可見水果販是多麼的痛恨這種人物，當然不只是桃子，只要是柔軟一點而的水果都是一樣，所以在國外，尤其是歐美諸國，買水果時只可以告之要買若干，而由販售者代為選擇秤重，然後付帳。如國內購買水果的習慣，拿起來又摸又敲、又拋又嗅的，是保證遭白眼的，甚至被當場制止的，嚴重一點的還會被趕走，不賣給你了。

超市在我國也是非常普遍，所販售的物品也大同小異差不了多少。必須注意的是：

☆禮讓

在排隊付帳時，若遇有孕婦、殘障人士、身體看起來虛弱者，以及手上只拿了少數幾件物品者，應當很有風度的主動示竟請其優先，他感激的眼神就是你最好的回饋。

☆推車

推車時要注意控制，不要撞倒了貨品散落一地，累死了服務人員，如果撞到了人可就不好玩了。推車使用完後，就算有押硬幣，也要歸還在規定的區域內，並與其他推車保持同一方向。

地攤購物可以說是樂趣十足，但是要注意拿物品時小心，有不少物品

都很脆弱，若有損壞就得照價購買，不過地攤可沒有標價，多是用議價的，再心不服情不願，錢還是要付。

　　地攤貨物雖不是精品，但有瑕疵若亦不少，購買前最好仔細看清楚，例如說木雕品上有裂痕、骨製品上有缺角，或是刀鞘並非原來之刀把等，仔細瞧，慢慢看才可以選到理想的東西。

☆殺價

　　在百貨公司、超市、商店中一般是照標價買賣，最多是打一些折扣，若把國內凡物均殺價的習慣帶到國外去，則常會有意想不到的結果。有一次一名我國旅客在欲購買著名的雙人牌剪刀，東挑西選的拿了一

▲國外水果攤之買賣方式與國內相差頗大，千萬不可自行壓捏或試吃，以免引起糾紛。

大包,在櫃台付帳時老毛病不知不覺就犯了,開口向店員殺價,店員聽了,先是吃了一驚,繼而馬上拿起一堆東西逐一放回原處去,不賣了。

旅客十分尷尬的走出商店,心想不殺價就不殺價,也不需要弄的這麼難堪嘛!殊不知,國外標價就表示售價,若是硬要殺價則暗示店內的商品有標價過高之嫌疑,這是不誠實的行為,自然店員會一臉忿然了。

地攤貨可就不一樣了,尤其在落後的地方,如尼泊爾、印度等,由於一般旅客根本搞不清楚物品的底價,所以殺價也就失去了底線,原則上是漫天開價,就地還錢,七折八折不嫌少、二折三折也成交。所以許多人是一面殺價一面注意小販臉部的表情,就怕一出價小販會很爽快的成交了,貨物還沒到手就已吃虧了,還有些人則以個人之好惡來判斷價值,也就是我願意出多少代價來換取此一物品,既然買了也不用再去比價,更無需後悔。

印度北部喀什米爾以及尼泊爾等地至今仍可以物易物行情最高的是當地最缺乏的東西,如手電筒、電算機、口紅、香水、原子筆等,這些在國內都是非便常的,如果在出國前可以事先買一些,拿去換當地的特產實在是既划算又有趣的交易。

有一次我在喀什米爾的船上,周圍的一位船伕硬是要用一件貂皮大衣和我換手上的自動手錶,不過我心想貂皮大衣雖好,可是在國內完全無用,手錶不貴但是卻是不可或缺的伴侶,於是婉拒了他,船離開時仍可見一副恨然失望的表情。

購物須知

錄影帶

在風景區或名勝地區,有些已拍好之錄影帶供遊客以爲紀念品,在選購時必須在盒上印有NTSC字樣或美國國旗圖案者方才可以買,因爲我國之放映系統走美規,若是買到其他規格如PAL等則返國後無法立刻欣賞,必須再送交錄影帶店轉換,不但很浪費時間,且轉換費極高,可能超過錄影帶本身金額。

在買錄影帶時不宜貪小便宜,買到一些劣質磁帶錄製的影片,看影帶時效果可能差不了多少,但錄影機之磁頭可能因而受損,而且看不了兩三次就報銷了。

歐美地區之錄影帶均價格不匪,但品質良好,有些商店並有樣品帶試看服務,如果沒有把握不知如何挑選,則不妨請教店員,他們一般都樂於提供建議。

價格

在標示明確的地方購物可以放心,在某些地方,如峇里島之特產店、泰國之珠寶店等,其價格則高出一般商店的數倍,這些商店均有一定的特色,就店內只有觀光客,不見當地遊人,賣場相當大,但當旅遊團一走之後就只剩空蕩蕩,似乎只專做觀光客的生意。

假貨劣品

　　價格稍高若物品物真價實也就罷了，但是若買到的贗品或劣質品時可就嘔人了，曾經發生過的例子不勝枚舉，珠寶、古玉、錢幣、名牌用品、中藥、手錶、字畫……無一不可假、不可偽，選購務必謹慎，若無十分把握最好別買，否則就當做買了一件紀念品。

珠寶

　　東南亞有不少珠寶店，財勢龐大，有些甚至擁有自己的車隊，以來回免費載運旅客，店內裝璜豪華美觀，店員笑容迎賓，又有免費茶水、飲料提供。提到價格也令人覺得還不錯，但是往往問題出在珠寶的品質上，雖不至於以合成製品混，但是珠寶本身之價值差距極大，就連專家評鑑時也可能有不同之評價，一般百姓就更難看出端倪了。

　　曾經有位旅客在珠寶店買了一塊「古玉」，返國後請人鑒定，發覺是假玉，認為是在包假時被調包了，店家有可能以假換真，要求換回真的那一塊。知情都莫不莞爾，因為那一家店中所有的古玉都是假的，店員實在沒有必要去為了一塊假玉而偷天換日的。

錢幣＆古董

　　在古文明地區如中國大陸、印度、中南地區，常可見古錢幣等物品等價而估，千萬小心，大多數年代久遠都多是贗品，因為幾乎所有國家為

了保護本國文物，都有明文規定，任何古董只要超過百年以上的歷史就禁止出境。

　爲了避免在出國時遭遇麻煩，看起來有點歷史的物品都必須請店家開立證明，證明　物並非違禁物品，否則輕者被沒收了事，重者則可能因私自走私古董出境，因而觸法被起訴。

名牌用品

　當你在外旅行時，看見歐洲的名牌皮包，T恤、襯衫等大批地堆在商店

▲跳蚤市場販售物品五花八門，十分有趣，不可錯過。

拍賣時，你會相信那些是正牌貨嗎？一看價位更是低的離譜，你仍然相信嗎？

　幾乎所有的名牌物品都有其一定的價位，當然可能會因每個國家之生活水準不同而略有高低，並總不至於離譜，如果買了仿造品，不是掉色、縮水、用沒兩次就必須拋棄。有些則是拉鍊卡住、開線、龜裂不一而已，如果不想有上些情形，就放棄貪便宜的念頭吧！

中藥

　　以中國大陸、香港最爲出名，有些是低價高賣、哄騙旅客，說毛澤東吃了可以在長江游泳、鄧小平得以高齡等，更令人痛恨的是待藥草磨成粉末後，原本一斤若干的售價，立刻變成了一兩苦干，以台幣兩、三萬換來一堆無用的粉末。曾有位當地導遊對我說，每當磨粉機嘎嘎作響時，他的內心也有如刀割、有如磨磨，但是公司規定，不做也不行，大陸開放探親時，有一少老兵的辛勞積蓄就是如此被我詐掉的。

　　在大陸內地，則以免費把脈、看診的方式引人入室，把脈看診均是免費，並且看診都都是北大中醫系退休教授：某名醫的第×代傳人尋名聲顯赫者，看的準不準是另一回事，縛拿了處方去抓藥時會發現大陸的中藥怎麼比國內還貴了好幾倍呢！

字畫

　　書法與繪畫可就更是五花八門了，每一家商店均自稱與該位名畫家是關係如何親近，特地邀約了多久才獲首肯作畫，畫上了除了有畫家之題字、蓋印外，還有曾經欣賞過的某某名人之用印，有了這些鐵證，畫還會假的了嗎？同時也會善意忠告顧客，市場上仿冒品極多，務必小心，以免買到膺品，吃虧上當又生氣。

　　也許當場你很願意相信其所言俱屬實，但走了幾家後發現每家各有說詞，也各有鐵證明，可就很難相信誰才是眞的了，還是全部都是假的。

調包

有些不肖商人在與顧客談妥價格後，會趁人不注意時將真品代以偽品或是次級貨，有時則換上有瑕疵者，也有偷斤減兩者，不是重量不足就是數量減少。等顧客離商店門口或是攤位後，來個一概否認，完全不認帳，顧客只有啞吧吃黃蓮，苦在心中口難開。

仿判之道就是在包裝時不要離開視線，店員發現有人瞪大眼睛在監視也就不敢動手動腳了，或者根本就要求不要包裝，放入購物袋中即可。

違禁品

在國外買的一些物品帶回國內可能就會有問題，除了農耕產品、毒品、機械、某些藥品外，如裝飾用手槍、刀劍也是很須要費工夫向海關解釋的，例如尼泊爾最有名的庫庫里彎刀向來深受遊客喜愛，但它雖然是紀念品，但因具殺傷力，認定是刀械也正確，這就要碰碰運氣了。多年前就曾發生一名竊賊深夜潛入民宅行竊，但遇屋主反抗，於是就用擺在櫃子中當裝飾的庫庫里將主人給殺害的案例，眾人皆知真正的庫庫里可以削紙，也可以輕易削去一般刀背的陵角而不會捲口，非常的鋒利。

另外常被海關攔截的就屬成人玩具和色情書刊了，在歐洲這些物品是可以在某些特區公開陳列並合法販售的。但是在國內則尚屬違法，所以這些奇奇怪怪的玩具、用品以及雜誌、錄影帶、撲克牌等也得碰運氣，被查到就只有被沒收一途了。

公共場所之禮儀

公園

在比較先進的國家，公園有其一定的定義與我國國內一小塊空地種點花花草草，植了一些樹就稱為公園是大不相同的，一般而言，能稱得上公園者必須有一定相當廣闊的面積，公園內有綠樹成蔭成林，規劃完整的道路，遼闊的草坪，有些還有花卉區，生機盎然的大型池塘，有些甚至如倫敦海德公園還有跑馬道場，不過尚有一共通的特點，就是提供居民一個放鬆心情、漫步徜徉的好地方，人們在此可以隨意躺在乾淨且如茵如碧草上做日光浴、散散步、遛遛狗……等；或是什麼也不做，只是靜坐一隅望著沐浴在陽光中的人們。

遛狗時若有狗遺必須即時將之清理乾淨，不可故意視而不見，或隨便清清就算了，否則一旦被發現將遭非常嚴重之處罰，甚至有可能喪失養寵物之權力。

公園內有些設有兒童遊戲者，今規定年齡限制，年齡太大或是太小都是不准使用，以免發生危險或是損壞了設施。

不可亂丟紙屑、煙頭等垃圾，事實上，任何人在如此乾淨、清潔的環境中都會不忍變成破壞者的。

一草、一木、一花、一葉具為公園所有所一不可折花攀木，或是捕捉昆蟲鳥獸等，違者之處份也將令人終身難忘。

　　酒醉者，吃禁藥者，精神恍忽者，精神異常者；單獨的年幼稚兒、裸體者，以上這些人是不准許進入公園中的。

　　白天的公園若是天堂，到了夜晚將可能是另一個世界，所有的罪惡都有可能在其中發生，所以千萬不要在夜晚進入公園內，如紐約的中央公園，倫敦的海洋公園都是政府一再告戒但仍然出事的地方，這是因為公園幅度太過遼闊、照明不足、死角又多，所以變成犯罪者的溫床，因此最好敬而遠之以策安全。

　　如果真的想一探公園夜景，那就是人愈多愈好，最好自己開車前往，不要徒步，也不要太遠離道路。

　　有些公園限制汽車出入，除非是另外領有特許執照者才得進入；而在某些時間內所有的車輛均是被禁止進入的，當然是除了救護車，警車和消防車以外。

　　在歐美國家，尤其是美加地區，自行駕車旅行已是一種非常普遍且方便的旅行方式了，這是由於美加地區道路規劃良好，標示清楚，而且沿途又有足夠的相關設施，如加油站、休息站，及非常重要的汽車營地。

　　營地以經營者的身份可分公營與私營，公營者即是由中央或地方政府興建與管理，其特色在於收費非常低廉，基本設備也齊全，只是略嫌簡陋了一些，不過不少人看在能省錢的份上，還是優先訂公營營地，或是客滿才會去訂民營者。

　　民營營地可就豐富的多了，規模也可由幾十部車的停車容量可以達到好幾百部之多，可以說是一個獨特的小市鎮，比較有規模的營地中有餐

廳、美容院、自助洗衣室、游泳池、超市、電影院、迪斯可舞廳、酒吧……等，白天遊客還在外遊覽，營地內的人口並不多，但是一到傍晚，倦鳥歸巢時，整個營地頓時熱鬧了起來，生營火、烤肉，還有人在草地玩飛盤、丟橄欖球，也有人一面彈吉他，一面大口喝著冰啤酒，人人輕鬆自在，享受渡假的歡愉。在營地的住宿方面也有分別，有些只有停車位以及露營地，其露營之設備如帳蓬、睡袋等一律由旅客自備，有營地建有小木屋，屋內可住四至八人，多為上下舖，但是也是寢具必須自備；衛浴設備一般都是共用，當然毛巾、肥皂等也是自行攜帶的。

在美國十分風行的RV車，也就是休旅車，其停放的地方由於車体龐大，也是有嚴格規定的，例如不可在路邊隨意靠邊停車，那怕該地的風景非常怡人。RV車內設備非常完備，有床舖、廚房、餐桌、冰箱、電視、衛浴設備，可以說是一棟會移動的房子。在美國就有不少老夫妻把自己的房子賣了後再買下一部大型休旅車，把所有家當通通放在車上，開始雲遊四海的日子，以渡餘生。瀟灑豁達令人欣羨，不但全世界也只有美加等國才辦的到，因為整體之設施非常進步，而且汽油也便宜。

RV車停在營地後，付完入場費，可以在指定的停車地點接上水、電、瓦斯，就地成屋，有些營地還提供抽水肥的服務，可以順便清理車上累積的肥水。

接下來的活動就是準備晚餐、洗衣服、曬衣服，也可以與鄰近的車主互相串門子、聊天，交換一下沿途的旅遊經驗，其樂也融融。

若晚上閒著無事，除了可以使用營地中的各種娛樂設施外，有些也會

用營地車送旅客至附近的鎮上逛逛，或是用餐，喝杯酒等等，當然必須酌收費用。如在拉斯維加斯的營地由於距鬧區有一段距離，旅客自行開車不旦麻煩且又不易停車，於是營地就會提供廉價的小巴士來回接送旅客至城中去一試手氣並享受一下燈紅酒綠之氣氛。

RV車方便是方便，不過其租金較高，又有行車公里數限制，又比較耗油，所以租用起來有人覺得似乎還不如租轎車再加上住小木屋只要在行李箱放上兩個睡袋即可，就算小木屋全滿了，只要把營帳架起來一樣是一夜好眠。

106-□□
台北市新生南路3段88號5樓之6

揚智文化事業股份有限公司　　收

□□□-□□

地址：　　　市縣　　鄉鎮市區　　路街　段　巷　弄　號　樓
姓名：

Leaves
Publishing

書號 L4303　　　書名 做個有禮貌的地球人——國際社交禮儀

葉子出版股份有限公司
讀・者・回・函

感謝您購買本公司出版的書籍。
為了更接近讀者的想法，出版您想閱讀的書籍，在此需要勞駕您詳細為我們填寫回函，您的一份心力，將使我們更加努力！！

1. 姓名：_____
2. 性別：□男 □女
3. 生日／年齡：西元_____年____月____日_____歲
4. 教育程度：□高中職以下 □專科及大學 □碩士 □博士以上
5. 職業別：□學生 □服務業 □軍警 □公教 □資訊 □傳播 □金融 □貿易
　　　　　□製造生產 □家管 □其他_____
6. 購書方式／地點名稱：□書店_____ □量販店_____ □網路_____
　　　　　　　　　　　□郵購_____ □書展_____ □其他_____
7. 如何得知此出版訊息：□媒體_____ □書訊_____ □書店_____
　　　　　　　　　　　□其他_____
8. 購買原因：□喜歡作者 □對書籍內容感興趣 □生活或工作需要 □其他_____
9. 書籍編排：□專業水準 □賞心悅目 □設計普通 □有待加強
10. 書籍封面：□非常出色 □平凡普通 □毫不起眼
11. E—mail：_____
12. 喜歡哪一類型的書籍：_____
13. 月收入：□兩萬到三萬 □三到四萬 □四到五萬 □五萬以上 □十萬以上
14. 您認為本書定價：□過高 □適當 □便宜
15. 希望本公司出版哪方面的書籍：_____
16. 本公司企劃的書籍分類裡，有哪些書系是您感到興趣的？
　　□忘憂草（身心靈）□愛麗絲（流行時尚）□紫薇（愛情）□三色堇（生活實用）
　　□銀杏（健康）□風信子（旅遊文學）□向日葵（青少年）
17. 您的寶貴意見：_____
_____
_____

☆填寫完畢後，可直接寄回（免貼郵票）。
　我們將不定期寄發新書資訊，並優先通知您
　其他優惠活動，再次感謝您！！

Leaves
Publishing

根
以讀者為其根本

莖
用生活來做支撐

葉
引發思考或功用

果
獲取效益或趣味